수많은 교육자들이 교육의 효과를 극대화하는 방법으로 '회수'를 꼽습니다. 즉, 배운 내용을 자신의 언어로 표현할 수 있는가에 따라 교육의 성패가 갈립니다. 아무리 좋은 교재라고 하더라도 소통과 공감에 실패하면 아이들은 배운 내용을 발휘할 수 없습니다. 이 책은 역사적으로 검증된 교리를 아이들의 언어로 '회수'할 수 있도록 기록했습니다. 역사 속에서 수많은 선한 영향력을 미쳤던 교리를 아이들의 눈높이에서 접할 수 있도록 출판한 것은 탁월한 시도입니다. 이런 유형의 교재들이 더 많이 출간될 수 있기를 기대합니다.

박양규 목사 아신대학교 교육대학원 외래교수, 교회교육연구소 대표, 『청소년을 위한 하이델베르크 교리문답』 저자

이 책은 매우 독특하고, 신선하고, 유익합니다. 교리문답이라는 제목에서 오는 선입감 혹은 무거운 느낌은 책의 첫 페이지를 여는 순간 사라집니다. 산뜻한 디자인이 눈길을 사로잡고, 간결하면서도 따라가기 쉽게 전개된 내용들이 마음을 확 끌어당깁니다. 하나님, 사람, 그리스도, 성령, 교회 등 어린아이들에게 설명하기 어려운 내용들을 아이들의 수준에 맞추어 쉽고, 흥미롭게 풀어갑니다. 무엇보다 부모와 아이가 같이 시간을 보내고, 대화하며, 서로의 생각과 감정을 나누고, 함께 기도할 수 있도록 구성되어 있습니다. 하나님이 주신 소중한 자녀를 기독교 신앙의 가치관 안에서 잘 양육하고 싶은 부모에게 강력하게 추천합니다.

손상원 박사 Dallas Baptist University 성서학

탈신앙시대에 자녀들의 영적 성장과 내면세계의 질서를 바로잡아줄 귀한 책이 출간되었습니다. 신앙은 부모가 자녀에게 남겨줄 최고의 선물이자 최대의 유산입니다. 가정은 부모와 자녀 사이의 영적 교제를 통해 신앙을 대물림하는 처소입니다. 신앙의 세대 잇기는 가정에서 부모가 자녀에게 성경의 가르침을 어떻게 전수하는가에 달려 있습니다. 『엄마 아빠가 읽어주는 꼬꼬마 교리문답』은 자칫 딱딱할 수 있는 기독교의 기본 교리를 부모가 자녀에게 자연스레 전하고 쉽게 가르칠 수 있도록 구성되어 있어 자녀를 위한 교리문답서로는 아주 탁월한 책입니다. 만 3세 유아부터 초등학생까지의 자녀를 대상으로 하는 이 교리문답은 웨스트민스터 대요리문답에 기초하여 후대에 만든 *Small Children's Catechism*을 저자가 풀이하여 어린이들이 알기 쉽게 설명한 책입니다. 기독교교육 학자, 교회학교 교육디렉터, 번역가로 저자가 이제껏 쌓아온 전문 역량은 이 도서 곳곳에서 은은하게 빛을 발합니다. 다음 세대를 다시 신앙 위에 세우길 원하는 부모와 교회학교 교사(사역자)라면 누구나 『엄마 아빠가 읽어주는 꼬꼬마 교리문답』을 가정과 교회에서 적극적으로 활용하실 것을 권합니다.

이상명 박사 미주장로회신학대학교 총장

부모와 자녀를 위한 교리문답책이 나온다고요?!! 교회 현장에서 아이들을 만나고, 가정에서 아이를 키우고, 또 기독교교육을 공부한 사람으로서, 현장에서 참 많이 듣는 이야기 중 하나는 신앙교육을 위한 좋은 책을 소개해달라는 것입니다. 선뜻 소개할 만한 책이 많지 않은 이때, 가정에서 부모와 자녀가 함께 교리 이야기를 나눌 수 있는 『엄마 아빠가 읽어주는 꼬꼬마 교리문답』 책이 출간되어 반갑고 기쁩니다. 신앙교육은 일방적인 지식 전달로 이루어지는 것이 아니라, 삶의 전반적인 영역에서 자연스럽게 이루어지는 것이기에, 이 책을 통해 부모와 자녀가 함께 이야기를 나누면서 자연스럽게 교리와 친해질 수 있다면 그보다 더 좋은 신앙교육은 없다고 생각합니다.

특별히 이 책은 저자의 경험이 녹아 있어서 가정에서 어떻게 교리교육을 할 수 있는지 생생하게 보여줍니다. 아이들이 이해하기 어려운 교리가 아이들의 눈높이에 맞게 서술되어 있으며, 가정에서 매일 활용할 수 있도록 쓰임새 있게 구성되어 있습니다. 또한 양육자 노트의 팁을 통해 부모가 자녀에게 교리 이야기를 보다 쉽게 전할 수 있도록 도와줍니다. 이 책은 신앙교육을 어떻게 해야 할지 고민하는 많은 부모에게 실질적인 도움을 주는 좋은 교재가 될 뿐 아니라, 교회의 현장에서 아이들을 가르치고 있는 교사들과 교역자들에게도 좋은 교재가 될 것입니다. 혼탁한 이 시대에 우리의 자녀를 말씀 안에서 바르게 양육하기 위해 기도하며 고심하는 모든 분에게 이 책을 자신 있게 추천합니다.

이신혜 전도사 삼일교회 영아부, 꿈꾸는별들 교육연구소 대표

기독교 역사를 보면 교리교육이 잘 진행될 때, 다음 세대 신앙의 계승도 잘 이뤄진 것을 알 수 있습니다. 특히 우리 자녀들을 위한 교리교육은 어렸을 때부터 기독교 세계관을 뿌리 깊게 심어주어서, 흔들리지 않는 믿음으로 나아가게 해줍니다. 웨스트민스터 대요리 문답이 기초가 된, 『엄마 아빠가 읽어주는 꼬꼬마 교리문답』은 가정에서 우리 아이들에게 재미있게 교리교육을 할 수 있는 좋은 자료입니다. 특히 이 책은 교리교육이지만 전혀 딱딱하지 않게 쉽게 쓰였고, 설명이 매우 구체적이어서 아이들에게 적용하기도 참 좋습니다. 가정과 교회에서 사용할 신앙 교육용 교재로 강력하게 추천합니다.

이정현 목사 청암교회, 개신대학원대학교 겸임 교수

신학교 시절 어려운 교리를 배우며 저 자신이 교리에 대해 올바른 이해와 명쾌한 정리가 되어 있지 않다는 것을 깨달았습니다. 어린 시절부터 교회에 다녔지만, 그 누구도 저에게 쉽고 분명하게 교리를 설명해주지 않았습니다. 이런 일을 비단 저만 경험한 것은 아닐 겁니다. 많은 신앙인이 신앙생활을 하고 있지만 기독교 교리에 대해 자세히 알지 못하는 경우가 많습니다. 심지어는 "교리가 왜 필요한가? 성경만 있으면 됐지"라고 말하는 사람들도 있습니다. 하지만 교리는 성경 말씀을 근거로 수많은 시간, 수많은 학자에 의해 세워진 기독교의 뼈대와 같습니다. 교리는 성경을 바르게 이해하고 해석할 수 있도록 도와주고 하나님을 향한 온전한 예배로 인도합니다. 그리고 잘못된 신학이나 신앙을 분별하는 도구가 됩니다. 이런 의미에서 교리는 너무 중요한 신앙의 토대가 됩니다.

『엄마 아빠가 읽어주는 꼬꼬마 교리문답』은 우리의 다음 세대들에게 주는 신앙여행 안내서입니다. 이 책은 몇 가지 측면에서 매우 독특하고 새롭습니다. 지금까지 우리는 아이들에게 교리를 가르친다는 것은 힘들고 어려운 일이라 생각하며 엄두조차 내지 않았습니다. 하지만 아이들에게 교리를 가르친다는 시도만으로도 매우 의미 있는 시작입니다. 어렵고 딱딱한 교리를 쉽고 간단하게 아이들에게 설명하고 이해할 수 있도록 만들었다는 점에서 이 책은 매우 새롭고 특별합니다. 내용을 문답 형식으로 정리해서 교육의 효과를 배가했다는 점 역시 특별합니다. 일방적인 가르침이나 주입이 아니라 묻고 대답하는 방법은 교리 공부를 더욱 신나고 재미있는 활동으로 만들어줄 것입니다. 또한 가지 아주 중요한 점은 부모와 자녀가 함께한다는 것입니다. 교회 선생님이나 목회자가 아닌 부모를 통해 아이들이 교리를 배우는 일은 가족 공동체가 같은 신앙과 같은 믿음으로 성장해갈 수 있는 아주 유익한 기회가 될 것입니다.

이 책은 저자 장혜영 전도사님이 댈러스 빛내리교회에서 다음 세대를 아끼고 사랑하는 마음으로 사역하며 경험한 현장의 경험과 기독교 교육학을 공부하며 습득한 학문적 지성이 아주 잘 어우러져 있는 결과물입니다. 자녀들과 함께 바른 믿음으로 신앙의 가정을 세워가길 꿈꾸는 모든 분에게 이 책을 권합니다.

정찬수 목사 댈러스 빛내리교회

교리문답 교육을 통해 어린아이가 자동으로 구원에 이르는 것은 아니지만, 분명한 것은 교리문답은 어린아이에게 복음에 대한 수용성을 증가시켜주는 매우 유익한 신앙 훈련의 한 수단이라는 점입니다. 어려서 형성된 기독교의 근본적인 신앙에 대한 이해와 확신은 자녀들이 혼돈과 시험의 때에 굳건한 믿음으로 살아갈 힘을 줄 것입니다. 성경교육을 중요시한 17세기 침례교회들은 이미 어린이를 위한 교리문답서를 사용해왔으며, 스펄전도 가정 예배에 어린이 교리문답서를 사용하였습니다. 어린이 신앙교육 전문가인 장혜영 박사의 『엄마 아빠가 읽어주는 꼬꼬마 교리문답』은 기독교 교리의 핵심을 성경적이고 실용적으로 어린이의 눈높이에 맞추었으며, 부모가 사용하기에 필요한 설명을 친절하게 제공합니다. 『엄마 아빠가 읽어주는 꼬꼬마 교리문답』의 출간으로 한국 개신교회의 어린이 교리교육에 초교파적 부흥이 일어나길 바랍니다.

조동선 교수 한국침례신학대학교 조직신학

엄마 아빠가 읽어주는

꼬꼬마 교리문답

일러두기

『엄마 아빠가 읽어주는 꼬꼬마 교리문답』은 웨스트민스터 대요리문답에 기초하여 후대에 만들어진 *Small Children's Catechism*의 한국어 번역에 해설을 붙인 책입니다. 문답의 원문은 어린이 독자들을 유념하여 Communion of Reformed Evangelical Churches, CREC에서 작성하였으며 한국어 번역은 몇 군데를 제외하고 황희상 선생님의 번역을 따랐음을 밝힙니다.

황희상, "[소개 및 자료 공개] 꼬꼬마 요리문답"
Accessed 12/23/2021,
https://joyance.tistory.com/356?fbclid=IwAR1LT29HdPloc2yxoaAhkNfG36DqyXTl1SY13NZUWjN7w632BhPdZOUfK1w.

엄마 아빠가 읽어주는

꼬꼬마 교리문답

장혜영 지음

새물결플러스

서론

저는 기독교 가정에서 태어났고 자라는 동안 대부분의 교회 활동에 적극적으로 참여했습니다. 유아 세례를 받았고 중학생 시절 입교도 했지요. 하지만 교리문답을 처음으로 접한 것은 스무 살이 훌쩍 넘은 나이였습니다. 정확한 동기는 기억이 나지 않는데, 웨스트민스터 소요리문답을 혼자 읽어가며 마인드맵으로 그 내용을 정리해가는 아주 단순한 방식이었습니다. 교리문답과의 첫 만남은 너무나도 강렬했고 이것은 저의 신앙에 큰 전환점이 되었습니다. 얼마 전 섬기는 교회의 청년들과 대화를 나누다 저는 다시 한번 우리가 기독교 신앙에 대해 갖는 대부분의 질문이 실상은 교리에 대한 것들임을 깨달았습니다. 돌아보면 저 역시 이들과 별반 다르지 않은 많은 질문을 품었었습니다. 그 질문들은 제 안에서 증폭되어 저를 불안하게 했고 때로는 갈등하게 만들었습니다. 하지만 우연히 (사실은 하나님의 전적인 은혜로) 접한 교리문답을 통해 저는 그 같은 질문들에 대한 해답은 물론 마음의 평안과 영혼의 확신을 얻을 수 있었습니다.

이 같은 경험은 사역의 자리에서도 교리문답을 끊임없이 가르치고자 하는 열정으로 이어졌고 저는 제가 섬기는 부서가 어디든 (청소년 부서이든, 어린이 부서이든) 설교와 성경공부에 교리문답을 적극적으로 활용하기 시작하였습니다. 박사 논문도 교리교육에 대하여 쓰기를 원했는데 여기에는 예상치 못한 걸림돌들이 있었습니다. 교리교육이라는 주제를 시대에 뒤처진 진부한 것으로 보는 시선도 문제였지만, 특별히 교리문답을 가톨릭교회의 유물로 보는 편만한 시각과 교리문답이 성경의 권위를 침해한다고 보는 일부 침례교인들의 편견이 가장 큰 걸림돌이었습니다.

논문의 주제를 두고 난항을 겪고 있을 즈음 팀 켈러(Tim Keller) 목사님의 <뉴시티 교리문답>(The New City Catechism) 관련 자료들이 출간되었고[1] 이 자료들이 담당 교수님들을 설득하는 데 큰 도움을 주었습니다. 켈러 목사님은 교리문답이 우리의 마음속에 성경적으로 일관되고 전방위적인 사고의 틀을 만들어 준다고 주장했는데[2] 『뉴시티 교리문답 커리큘럼』은 이것을 "세계관"이라고 부르기도 하였습니다.[3] 즉, 교리문답이 우리 안에 성경적 세계관을 형성해주고 이 같은 세계관을 통해 우리 아이들이 세상의 기준이 아닌 성경적 기준으로 자신과 자신이 살고 있는 세상을 이해하게 된다는 것입니다. 켈러 목사님과 더불어

1 Tim Keller, *The New City Catechism Devotional* (Wheaton, Illinois: Crossway, 2017); The Gospel Coalition, *The New City Catechism Curriculum, Vol 1-3* (Wheaton, Il: Crossway 2018).
2 Keller, *The New City Catechism Devotional*, 12, The Gospel Coalition, *New City Catechism Curriculum*, 5-6.
3 The Gospel Coalition, *New City Catechism Curriculum*, 5.

침례교단 내에서 교리문답의 중요성을 지속적으로 강조하고 실천해온 존 파이퍼(John Piper) 목사님의 자료들도 큰 도움이 되었습니다. 파이퍼 목사님은 교리문답을 배우는 것으로 우리 아이들이 성경을 올바르게 해석하고 온전히 이해할 수 있을 뿐 아니라 보다 폭넓은 성경적 관점과 시야를 확보하게 된다고 주장하였습니다.[4] 일부의 오해처럼 성경과 교리문답은 서로 다투지 않으며, 우리 아이들이 이 둘 모두를 배우고 암송해야 한다고 말입니다.[5]

저는 켈러나 파이퍼 목사님의 주장대로, 우리 아이들이 교리문답을 통해 성경을 보다 잘 기억하고 이해할 수 있는지, 그리고 무엇보다 그 과정이 즐겁고 행복할 수 있는지, 논문을 통해 정량적으로 살펴보기 원했습니다. 초등학교 2학년에서 5학년을 대상으로 4주 동안 2개의 성경 공부 반을 운영했는데 두 반의 유일한 차이는 '교리교육의 유무'였습니다. 한 반은 다양한 활동을 통해 관련 교리문답을 함께 암송했고, 다른 한 반은 그렇게 하지 않았습니다. 관련 교리문답을 함께 암송한 아이들이 매주 성경 본문 내용을 더 잘 기억하고 효과적으로 이해했을까요? 대답

4 John Piper, "Should We Memorize Catechisms or Scripture?" *Desiring God* (July 26, 2017), Accessed 12/4/2019, https://www.desiringgod.org/interviews/should-we-memorize-catechisms-or-scripture.
5 Ibid.

은 '매우 그렇다'였습니다. 4주간의 성경 공부를 마무리하면서 해당 성경 본문에 대한 아이들의 지식과 이해도를 테스트했는데 교리문답을 암송한 아이들이 그렇지 않은 아이들보다 훨씬 더 높은 점수를 획득했습니다. 아이들이 지난 4주간의 암송과 학습은 전혀 즐겁지 않았고 따라서 다시 기회가 온다고 해도 참여하고 싶지 않다고 한다면, 이와 같은 결과에 큰 의미를 둘 수는 없을 겁니다. 하지만 다행스럽게도 아이들의 설문 반응은 긍정적이었으며 여기에는 성경 공부에 다시 참여하고 싶다는 코멘트들도 여럿 포함되어 있었습니다. 아이들은 암송이 어렵지 않았고 오히려 재미있었다고 대답했습니다. 어린아이들 대부분이 암송을 잘하고 누구든 자신이 잘하는 것에 흥미를 느끼기 때문입니다. 선생님과 함께, 또 친구들과 함께한 암송은 즐거웠고 아이들은 큰 성취감을 느꼈습니다.[6]

한국도 암기에 대한 부정적인 생각이 있지만 오랫동안 자유와 창의를 강조해온 미국 역시 암기에 대해서는 부정적인 생각이 강합니다. 암기가 학습에 대한 동기부여를 저하시키고 주제를 이해하고 적용하는 데 방해가 된다고 생각하는 것입니다. 하지만 정말로 그럴까요? 오트버그는 내면의 성장과 변화를 강조

6 Haeyoung Joo, "A Study of the Effects of Catechetical Teaching Methods on Knowledge, Understanding, and Attitude Toward Learning in Older Elementary Korean Children," PhD diss., (Southwestern Baptist Theological Seminary, 2021).

한 자신의 책에서 암기는 우리의 마음을 무디게 만들지 않고[7] 오히려 우리를 풍성한 삶으로 인도해준다고 이야기했습니다.[8] 신경가소성을 주제로 한 뇌 연구를 참조해보아도 우리가 무언가를 암기하기 위해 의지적 노력을 기울일 때 우리의 뇌가 움직이는 방식은 물론 외적 모형까지 변화한다고 합니다.[9] 암기를 통해 우리의 내면이 보다 더 풍성해지고 더 깊은 이해와 사색의 문이 열리게 되는 것이지요. 이와 같은 이유로 가장 최근 출판된 『뉴시티 교리문답 커리큘럼』 역시 암기(암송)를 교리교육의 중요한 일부로 소개하고 강조합니다.[10]

이렇게 설명할 수도 있겠습니다. 우리가 무언가를 배운다고 할 때, 인지적으로 우리는 지식(knowledge)과 이해(understanding), 적용(application), 분석(analysis), 평가(evaluation), 융합(synthesis)의 단계를 거친다고 합니다.[11] 이 중 가장 첫 번째 단계, 곧 가장 기초적인 단계가 바로 지식입니다. 지식이 없이는 이해와 적용 등 다음 단계로 넘어갈 수 없습니다. 우리가 주일에 들은 설교 말씀

7 John Ortberg, *The Me I Want to Be: Becoming God's Best Version of You* (Zondervan, 2010), 110.

8 Ibid., 111.

9 Jeffrey Schwartz, *The Mind and the Brain: Neuroplasticity and the Power of Mental Force* (New York, New York: Harper Perennial, 2003), 18.

10 The Gospel Coalition, *New City Catechism Curriculum,* 7.

11 William R. Yount, *Created to Learn* (Nashville, TN: B&H Publishing Company, 2010), 383-391.

을 온전히 이해하고 삶으로 적용하기 위해 가장 먼저 어떠한 일이 일어나야 할까요? 가장 먼저, 설교 말씀의 내용을 기억하고 있어야 합니다. 무슨 말씀을 들었는지도 생각나지 않는데 그것을 이해하고 적용하는 것은 당연히 불가능합니다. 그러한 의미에서 지식은 중요합니다. 지식이 모든 배움과 실천의 토대가 되기 때문입니다. 지식의 가장 보편적인 모습이 암기이고, 특별히 어린아이들에게 더욱 그렇습니다. 암기를 통해 우리는 지식을 습득할 뿐 아니라 그 지식을 내 생각과 마음에 가두어둘 수 있습니다. 그 내용이 귀중할수록 우리는 마음 깊은 곳에 오래 가두어 놓고 자주 꺼내어 들여다보아야 합니다.

이 책은 만 3세부터 초등학생 자녀를 둔 부모님들을 대상으로 쓰였습니다. 이 연령대의 아이들은 발달 단계상 (특별히 초등학교 저학년까지는) 아직은 교리문답의 내용을 온전히 이해할 수 없을 겁니다. 하지만 아이들은 우리의 생각보다 빠르게 청소년이 되고 또 청년이 됩니다. 아이들이 너무 느리게 자란다고 불평하는 부모는 없지요. 그때가 되었을 때 지금껏 신앙의 토대를 잘 쌓아 올려온 아이들은 그 같은 신앙의 토대 위에서 다른 외부의 힘에 흔들리지 않으며 자신의 삶을 담대히 살아갈 내면의 힘을 지니게 될 것입니다.

가정에서 교리문답을 가르쳐야 한다는 사실이 부모에게는 큰 부담이 될 수 있습니다. 동화작가 권정생 선생님은 (이 책보다는 훨씬 재미있었을) 자신의 책에 이런 말씀을 하셨더군요.

> 무엇 때문에 동화를 읽어야 할까요? 엄마하고 선생님이 "읽어라, 읽어라" 하니까 할 수 없이 읽는다고요? 그래요, 무엇 때문에 재미없는 동화를 자꾸 읽으라고 하는지 어린이들도 짜증스러울 거예요. 어린이들에게 힘겨운 일이 얼마나 많아요. 학교 가서 공부하고, 집에 와서 숙제하고, 학원 가야 하고, 하루 종일 눈코 뜰 새 없이 바쁜데 책까지 읽는다는 건 얼마나 힘들까 걱정스럽답니다. 그래서 감히 책을 읽으라고 용기 있게 말할 수 없습니다. 그런데 또 이런 동화책을 내게 되었습니다. 정말 미안합니다. 마음껏 뛰어놀고, 동무들과 사이좋게 얘기하고, 만화영화도 보고 싶을 텐데, 감히 책을 읽으라고 하기가 미안해진답니다. 그러니 아주 조금씩 꼭 읽고 싶을 때만 읽으세요. 세상은 살기가 아주 힘든 곳이랍니다. 그래서 그 힘든 세상을 어떻게 살아야 할지 조금씩이라도 배워야 하거든요. 동화를 읽는 것도 그런 뜻에서 필요하답니다.[12]

저도 같은 마음입니다. 부모인 우리도 하루 종일 눈코 뜰 새 없이 바쁜데 아이들에게 교리문답까지 가르쳐야 한다니 얼마나 부담이 될까 저 역시 걱정스럽습니다. 그래서 감히 이 책을 꼭 읽

12 홍인표, 『강아지 똥으로 그린 하나님 나라』(세움북스, 2021).

으시라고 용기 있게 말씀드리기가 어렵습니다. 하지만 하나님이 마음을 주실 때 아주 조금씩이라도 가정에서 아이들과 교리문답을 함께 읽고 암송하시기를 간청하고 싶습니다. 기독교 신앙을 문답의 형태로 알기 쉽게 풀어 쓴 교리문답은 우리 아이들이 자신의 마음속에 영원히 가두어 틈날 때마다 꺼내어 들여다볼 만큼 어여쁘고 가치 있는 귀한 사실(진리)들이기 때문입니다.

제 아이를 생각하면서 이 책을 썼고 다 쓰고 나서는 아이와 함께 읽고 문답을 암송했습니다. 아이의 언어로 표현된 교리문답을 다시 한번 읽는 과정이 저의 영혼에게도 무한히 유익했고, 아직은 엄마를 한없이 좋아하는 아이는 엄마가 읽어주는 문답을 즐거워했습니다. 가정마다 상황에 따라 아빠나 할머니, 할아버지와 함께, 여러 아이가 동시에 교리문답을 읽고 암송할 수도 있을 것입니다. 모든 아이에게 공통적인 필요가 있다면, 바로 이들을 향한 하나님의 계획과 예수님의 사랑, 성령님의 도우심일 것입니다. 우리는 이 책을 통해 삼위일체 하나님께 한 걸음 더 다가갈 수 있습니다. 더불어 이 책의 페이지를 한 장 한 장 넘길 때마다 함께 읽는 부모와 아이의 사이가 삼위 하나님의 영원한 사귐 안에서 보다 더 가까워지기를 기도하고 축복합니다.

이렇게 활용하세요

『엄마 아빠가 읽어주는 꼬꼬마 교리문답』은 총 50개의 문답으로 구성되어 있습니다. 50개의 문답은 하나님과 사람, 교회를 주제로 한 세 개의 단원으로 이루어져 있고, 이 단원을 다시 아홉 개의 장으로 나누었습니다. 단, 50개의 문답 중 함께 다루는 것이 더 유익하다고 생각하는 11-12문과 16-17문을 하루의 문답으로 합쳤기 때문에 주어진 분량에 따라 매일 암송을 이어간다면 전체 교리문답을 마칠 때까지 총 48일이 걸립니다. 내용이 간단하고 쉬운 것과는 별개로 하루도 빠짐없이, 일주일에 7일 동안 무언가를 이어가는 데는 부담이 따를 수 있습니다. 각 가정의 사정과 환경에 따라 얼마든지 달라질 수 있겠지만, 일주일에 4일 정도 암송을 이어갈 수 있기를 추천합니다. 그렇다면 12주, 약 석 달 안에 『엄마 아빠가 읽어주는 꼬꼬마 교리문답』을 마칠 수 있겠네요!

매일의 교리문답은 총 다섯 개의 섹션으로 이루어져 있고 각각의 내용은 다음과 같습니다.

☑ **오늘의 문답을 암송해요** 암송을 위한 가장 좋은 방법은 반복입니다. 아이의 연령과 역량에 따라 차이가 있을 수 있지만, 양육자와 아이가 그날의 문답을 세 번 정도 함께 읽는 것만으로도 암송을 위한 충분한 연습이 될 수 있습니다.

☑ **엄마 아빠가 읽어주는 교리문답 해설** 주어진 두세 단락의 해설을 아이에게 읽어주세요. 엄마 아빠의 무릎 위에 앉아 엄마 아빠의 목소리로 듣는 신앙의 이치(교리)는 아이의 영혼에 큰 울림을 줄 것입니다. 빈칸으로 표시된 부분은 아이의 이름을 직접 채워 읽어주세요. 그렇게 할 때 아이가 교리를 훨씬 더 친밀하게 느낄 수 있을 거예요. 책에 미리 아이의 이름을 적어둘 수 있다면 더 좋겠네요. 단, 몇몇 부분에서는 문자 그대로 읽어주기 어려운 부분도 있을 겁니다. 해설에는 저의 개인적인 이야기도 들어가 있으니까요. 이런 경우에는 읽어주시는 양육자의 비슷한 이야기로 대체할 수 있습니다.

☑ **오늘의 문답을 복습해요** 앞서 암송한 문답을 다시 한번 복습해요. 아이들은 어른들의 생각보다 암송을 훨씬 더 잘하고 즐거워합니다. 암송만큼 짧은 시간 안에 성취감을 주는 활동도 사실 없거든요. 복습은 빈칸 채우기입니다. 생각이 안 나도 괜찮습니다. 문답을 정확하게 암송하지 못해도 괜찮습니다. 꼬꼬마 교리문답은 스트레스를 받으려고 하는 게 아니에요. 앞부분을 참조해 답을 써도 좋고 자신의 말로 풀어 설명해도 괜찮습니다.

☑ **엄마 아빠와 함께 기도해요** 그날의 문답을 바탕으로 한 짧은 기도문이에요. 엄마 아빠가 읽어도 좋고 아이가 읽어도 좋습니다. 엄마 아빠와 아이가 함께 마음을 모아 기도를 올려드리는 것으로 짧지만 의미 있는 가족 활동을 마무리합니다.

☑ **영어로 읽어보는 교리문답** 언어에는 묘한 힘이 있어서 같은 내용이라도 다른 언어로 살펴볼 때 새로운 울림이 우리의 마음을 묵직하게 두드립니다. 오늘의 문답을 영어로도 한 번 읽어보고 혹시 가능하다면 암송까지 도전해본다면 어떨까요? 매 문답 아래 QR 코드로 그날의 문답을 영어로 실었습니다. 함께 들어보고, 가능한 분들은 따라 읽어보세요. 저희 가정에서 실제로 이 책을 공부하면서 문답을 암송한 목소리를 그대로 실어봤어요.

이 외에도 두 가지 섹션을 추가했어요.

☑ **이번 장을 마무리해요** 이 섹션은 다음 장으로 넘어가기 전 앞서 암송한 문답들을 다시 한번 복기하려는 목적이 있어요. 교리문답을 공부하다 보면 큰 그림을 놓치기 쉽습니다. 그것을 방지하고 각각의 문답이 보다 큰 그림의 일부, 보다 큰 하나님의 사랑과 구원 계획의 일부인 것을 상기하는 기회가 된다면 좋겠습니다. 제공된 요약을 읽어보시고 아이와 함께 빈칸을 채워보세요.

☑ **양육자 노트** 이 섹션은 아이들과 함께 교리를 공부하면서 추가로 생길 수 있는 질문에 답하기 위해 필요에 따라 곳곳에 배치하였습니다. 꼭 신앙에 대한 질문이 아니더라도 교리를 공부하면서 자연스럽게 떠오르는 생각과 삶을 나누는 기회가 된다면 좋겠습니다. 부모님의 필요에 따라 활용하세요.

『엄마 아빠가 읽어주는 꼬꼬마 교리문답』은 만 3세부터 초등학생 자녀들과 함께 읽을 수 있습니다. 일반적으로 초등학교 저학년까지는 교리문답의 내용을 이해하는 것을 목표로 할 수는 없습니다. 초등학교 저학년까지는 부모의 목소리로 교리문답을 소개하고 아이가 문답을 암송하는 것을 중심으로, 초등학교 고학년부터는 교리문답을 암송하고 해설을 통해 암송한 문답의 내용을 이해하는 것을 목표로 할 수 있습니다. 다시 한번, 암송은 지식의 기초가 되고 지식은 모든 이해와 적용의 토대가 됩니다. 『엄마 아빠가 읽어주는 꼬꼬마 교리문답』을 통해 우리 아이들이 믿음의 집을 든든히 지어갈 수 있기를 간절히 기도하고 축복합니다!

감사의 글

돌아보니 감사한 분들이 너무 많습니다. 번역은 여러 권 해보았지만 제가 쓴 책은 처음이라 무척 떨립니다. 책을 쓰기 위해서는 자기만의 특별한 목소리가 필요한데 저에게는 그런 목소리가 없다고 생각했습니다. 사실 책을 펴내는 지금도 저에게 그런 특별한 목소리가 있는지는 잘 모르겠습니다. 세상에는 이미 유익한 책들이 많은데, 시끄러운 세상에 또 다른 소음을 더하는 것은 아닌지 적잖이 염려도 됩니다. 이렇게 소심한 제가 책을 통해 목소리를 내고 싶다고 결심하게 된 데는 오랜 시간 이 주제로 논문을 쓰는 동안 하나님과 교회, 이웃에 대해 빚진 마음이 들었기 때문입니다.

교리교육의 방식과 그것이 우리 아이들의 지식과 이해, 감정적 태도에 미치는 영향을 주제로 박사 논문을 쓰는 동안 필요한 모든 부분에서 도움을 주신 릭 욘트(Rick Yount) 교수님과 캐런 케너머(Karen Kennemur) 교수님께 감사를 드립니다. 두 분의 도움이 아니었다면 논문도, 이 책도 이 세상 한편의 자리를 차지하지 못했을 겁니다. 정말로 감사합니다.

한국의 교리교육에 이미 최고의 권위자가 되신 황희상 선생님과 흑곰북스 정설 대표님께도 감사드립니다. 논문을 준비하면서도 여러 자료로 도움을 받았고, 특별히 이번 책을 기획하면서 어떤 교리문답을 선택해야 할까 고민하고 있을 때, 마치 저의 질문을 기다리고 계셨던 듯 제 마음에 흡족한 교리문답을 딱 골라 소개해주셨습니다. 귀한 멘토이자 동료가 되어주신 황 선생님, 정 대표님 진심으로 감사합니다.

"목사님, 쓰고 싶은 책이 있어요"라는 갑작스러운 문자에 "쓰세요, 제가 내드릴게요" 선뜻 손 내밀어주신 새물결플러스 김요한 대표님께도 감사드립니다. 번역을 할 때도 언제나 믿어주시고 모든 것을 맡겨주셨는데, 이번 책을 써나가는 과정에서도 동일한 사랑과 신뢰를 보여주셨습니다. 물론 제가 그럴만한 사람이기 때문은 아닐 겁니다. 김 대표님, 이 책이 대표님의 마음을 배반하는 책이 되지 않기를 매일 기도했어요. 오랜 타향살이에도 불구하고 대표님의 깊은 사랑과 배려 덕분에 지난 시간 꾸준히 한국의 성도님들을 만나고 섬길 수 있었습니다. 정말로 큰 부채감을 느낍니다. 감사합니다!

또 오랜 시간 현장에서 아이들을 섬길 수 있는 기회를 주신 빛내리교회 정찬수 담임 목사님을 비롯한 모든 교역자님들, 성도님들께도 감사합니다. 특별히 많은 목회자가 교리를 시대에 뒤처진 것으로 생각하고 교육 부서에서 교리를 가르친다고 하면 눈살을 찌푸리는 경우가 많은데 교리교육의 중요성을 공감해주시고 오랜 시간 신뢰와 응원을 보내주셨습니다. 빛내리교회 담임 목사님과 교역자님들, 성도님들의 도움으로 이 책이 열매 맺을 수 있었어요. 진심으로 감사합니다.

책을 써보니 책을 쓰기 위해 가장 필요한 것은 시간이더군요. 시간이 필요했던 수많은 순간마다 자신을 희생해 저를 배려해준 사랑하는 남편과 아이에게도 고마운 마음을 전하고 싶습니다. 두 사람의 희생 덕분에 우리의 일상이 무너지지 않고도 이 책이 세상에 모습을 드러낼 수 있게 되었습니다. 엄마가 새로운 일에 몰두하는 동안 문밖에서 무한히 기다려준 사랑하는 아들과 그때마다 아이와 가정을 성심으로 돌보아준 남편에게 감사를 전합니다.

이 책의 집필을 마치고 출판을 기다리던 2022년 9월 급작스럽게 우리 곁을 떠난 친정아버지께도 감사를 전하고 싶습니다. 생전에 이 책이 출판되었다면 누구보다도 기뻐하셨을 거예요. 아빠, 저에게 예수님을 소개해주시고, 기독교 신앙을 다른 무엇보다 우선하는 인생의 가치로 가르쳐주셔서 감사해요. 복되고 아름다운 천국에서 편안히 지내고 계시다가 하나님이 다시 만나게 해주실 그날 우리 서로 반갑게 손을 맞잡고 서로를 향한 무한한 사랑과 고마움을 다시 한번 전할 수 있기를 고대해요!

마지막으로, 이 책의 시작과 끝이자 저의 모든 것 되시는 하나님께 감사를 드립니다. 하나님, 책을 쓰고 싶은 마음과 책을 쓸 수 있는 여건을 허락해주셔서 감사합니다. 이 책을 하나님의 뜻대로 사용해주세요!

차례

1. 하나님은 어떤 분이세요?

1

모든 것을 만드셨어요

교리문답 1

질문 **누가 너를 만드셨지?**

대답 **하나님이요.**

☑ 오늘의 문답을 암송해요

질문과 대답을 세 번 정도 반복해 읽어봅니다.* (어른 - 누가 너를 만드셨지? 아이 - 하나님이요.) 엄마 아빠가 묻고 아이가 대답하는 과정(반복)을 통해 첫 번째 교리문답을 암송해봅니다.

☑ 엄마 아빠가 읽어주는 교리문답 해설

엄마 아빠가 너를 얼마나 사랑하는지!

__________야,** 이 세상에서 엄마 아빠가 제일 사랑하는 사람이 누구지? 맞아, 엄마 아빠는 __________를 이 세상에서 제일 사랑해. 엄마 아빠는 __________가 유치원/학교에 가 있는 동안에

* 아이의 나이와 암송 정도에 따라 반복의 횟수는 얼마든지 달라질 수 있습니다.

** 아이의 이름을 넣어 읽어주세요.

도 _________를 생각하고, 가끔은 핸드폰에 있는 네 사진을 찾아보기도 해. 엄마 아빠가 하나님께 기도를 올려드리는 아침에도, 가족들을 위한 식단, 여행 계획 등을 짤 때도 엄마 아빠는 언제나 너를 마음에 떠올려. '이렇게 하면 네가 좋아할까?' '이렇게 하면 너의 몸과 마음이 쑥쑥 크는 데 도움이 될까?' 하고 말이야. 엄마 아빠가 때로는 _________에게 화를 낼 때도 있고 '이렇게 해라, 저렇게 하지 마라' 잔소리를 할 때도 있지만, 너를 향한 엄마 아빠의 사랑은 한 번도 변한 적이 없어. 언제나 너를 사랑했고 앞으로도 영원히 너를 사랑할 거야.

♥ 양육자 노트

아이의 대답을 잠시 기다려주세요. 아이가 엄마 아빠가 자신을 사랑하고 있다는 사실을 알고 있는 것이 중요합니다. 모든 아이는 엄마 아빠에게 이 세상에서 가장 사랑스럽고 소중한 존재니까요. 만일, 아이가 대답을 망설인다면 당황하지 마시고 진심을 담아 다시 한번 사랑을 고백해주세요. "엄마 아빠가 그동안 잘 표현을 못했나 보다. 미안해! 엄마 아빠는 이 세상에서 _______를 제일 좋아해! 제일 사랑해." 그리고 꼭 안아주세요. 어쩌면 아이는 엄마 아빠의 사랑 고백을 다시 한번 듣고 싶었는지도 몰라요.

너는 어디에서 왔을까?

그렇다면 이렇게 사랑스러운 _________는 과연 어디에서 왔을까? 어떤 사람들은 우리가 이 땅에 오게 된 것이 그저 우연일 뿐이라고 이야기해. 하지만 엄마 아빠는 그렇게 생각하지 않아. 시편 139:14의 말씀처럼 우리 ________는 하나님이 신비롭고 아름답게 만드신 걸작품인걸![*] ________가 엄마 뱃속에 처음 생겼을 때, 너의 몸집은 너무나도 작았고 초음파를 통해 본 너의 모습은 마치 올챙이와 같았어. 정말이야. 그런데 시간이 지나면서 팔다리도 생겨나고 눈코입도 선명해지기 시작하더니 어느 날부터는 엄마 뱃속에서 운동을 하는 듯 바삐 움직이기도 했어. 그걸 '태동'이라고 부르는데 정말 신비한 경험이었단다. 그리고 열 달 남짓의 시간을 지나 처음으로 너를 만났을 때의 감동이라니. 이렇게 신비롭고 아름다운 너의 존재가 우연이라니 절대로 있을 수 없는 일이야.

하나님은 왜 우리를 만드셨을까?

________야, 너는 하나님이 만드신 존귀한 존재야. 그렇다면 하나님은 왜 너를 만드신 걸까? 거기에는 너의 존재만큼이나 감동적인 이유가 있지 않을까? 이제 엄마 아빠와 함께 교리문답을 읽고 배워가면서 그 이유를 생각해보려고 해. 엄마 아빠는 그 과정을 통해 ________와 엄마 아빠가 하나님을 더 사랑하게 되

* "내가 주께 감사하옴은 나를 지으심이 심히 기묘함이라. 주께서 하시는 일이 기이함을 내 영혼이 잘 아나이다"(시 139:14).

기를 기대해. 우리의 앎이 삶의 예배로 이어지기를!

☑ 오늘의 문답을 복습해요

아래 빈칸을 채워 오늘의 문답을 완성해봅니다.

질문 – 누가 너를 만드셨지?
대답 – __________이요.

☑ 엄마 아빠와 함께 기도해요

하나님, 저희 가정에 이렇게나 멋진 아들/딸을 보내주셔서 감사합니다. 하나님이 손수 지으신 귀한 아이입니다. 그리고 저희 가정이 이 세상에서 가장 사랑하는 아이입니다. 하나님께서 우리를 만드신 이유와 목적을 함께 알아가는 동안, 우리가 하나님을 더 사랑할 수 있도록 도와주세요. 예수님의 이름으로 기도합니다, 아멘!

☑ 영어로 읽어보는 교리문답

Question – Who made you?

Answer - God.

교리문답을 영어로도 읽어본다면 문답의 의미가 더 분명하고 풍성하게 다가올 수 있습니다. 암송도 할 수 있다면 금상첨화겠지요. 영어를 잘하기 위한 팁이 있다면 단어(어휘)에만 몰두하기보다 문장을 잘 쪼개 읽고 쪼개진 일부 혹은 문장 전체를 통으로 암송하는 것입니다. 제공된 QR 코드를 통해 함께 따라 읽는 것만으로도 도움이 될 수 있어요! 영어문답 암송에 도전하는 분들에게 응원을 보냅니다.

교리문답 2

질문 **하나님이 또 어떤 것을 만드셨지?**

대답 **모든 것을 만드셨어요.**

☑ 오늘의 문답을 암송해요

오늘의 교리문답을 세 번 정도 반복해 읽어봅니다. (어른 - 하나님이 또 어떤 것을 만드셨지? 아이 - 모든 것을 만드셨어요.) 엄마 아빠가 묻고 아이가 대답하는 과정을 통해 두 번째 교리문답 역시 암송해봅니다.

☑ 엄마 아빠가 읽어주는 교리문답 해설

이 드넓고 광활한 우주!

오늘은 몇 가지 퀴즈를 내볼게. 우리가 살고 있는 도시의 이름은? (예, ______시/군) 우리가 살고 있는 나라의 이름은? (예, 대한민국) 우리가 살고 있는 행성의 이름은? (지구) 그렇다면, 이제 진짜 어려운 문제야. 우리가 살고 있는 행성, 그러니까 지구가 존재하는 거대한 공간을 우리는 뭐라고 부를까? (우주) 맞아, 우주라고 해. 그리고 이 우주는 우리가 상상하기 어려울 만큼 크고 거대한 공간이야. 우리 지구가 속한 은하에만도 수천억 개의 별이 있고 이렇게 수천억 개의 별을 가진 은하가 또 수천억 개 넘게 있다고 들었거든. 그리고 이 은하들은 수만 광년에 걸쳐 자리를 잡고 있는데, 각 은하들 사이에는 또 수백만 광년이 떨어져 있다고 하더라고.* 정말로 우주는 상상하기 어려울 만큼 드넓고 광활한 공간이 확실해. 그런데 누가 이렇게 드넓고 광활한 우주를 만든 걸까? (대답을 기다려봅니다) 그래, 맞아! 사랑하는 ________를 걸작품으로 만드신 하나님이 이 우주와 그 우주 안에 존재하는 모든 것을 만드셨다고 성경은 이야기하고 있어.**

어떻게 만드셨을까?

그런데 하나님은 이 드넓고 광활한 우주를 어떻게 만드신 걸까? ________가 만든 레고 작품처럼, 오늘 저녁 우리 가족이 만들어 먹은 ________(저녁 메뉴)처럼 하나님도 어떤 재료들이 필요하셨을까? 아니야, 성경은 하나님이 이 세상을 창조하시기 전에는 이 세상에 아무것도 존재하지 않았다고 이야기하고 있어. 좀 더 정확히 말한다면 세상이라는 것도 존재하지 않았지. 그

* Keller, *The New City Catechism Devotional* (Wheaton, Il: Crossway, 2017), 34.

** “태초에 하나님이 천지를 창조하시니라”(창 1:1).

야말로 아무것도 없었어.* 그런데 하나님께서 '말씀'으로 이 세상 모든 것을 창조하신 거야. "무엇무엇이 있으라"라는 단 한마디의 말씀으로 빛(1일)과 하늘(2일)과 산과 바다와 식물(3일)과 해와 달과 별(4일)과, 새와 물고기(5일), 그리고 동물과 사람(6일)을 만드신 거지. 아무 재료도 없이, 오직 말씀의 힘과 능력으로만 이 우주와 그 안에 존재하는 모든 것을 창조하신 거야.

너라는 우주!

그런데 이토록 드넓고 광활한 우주에서 엄마 아빠에게 가장 특별하고 소중한 존재 한 사람을 꼽으라면 엄마 아빠는 주저 않고 너를 꼽을 거야. ________야, 너는 엄마 아빠의 우주야. 우주만큼이나 드넓고 광활한 존재, 우주만큼이나 크고 놀라운 하나님의 신비가 깃든 존재가 바로 너야. 그리고 엄마 아빠는 너라는 우주가 매 순간 크고 놀라우신 하나님의 힘과 능력을 인정하고 의지하기를 바라. 이 드넓고 광활한 우주를 크고 놀라운 말씀의 능력으로 지으신 하나님이 특별한 이유와 목적을 가지고 너를 만드셨고 지금도 너의 삶을 그 선하신 뜻대로 빚어가고 계셔! 매 순간 그것을 기억하고 기뻐하고 그분을 예배할 수 있기를 두 손 모아 간절히 기도해!

* "땅이 혼돈하고 공허하며 흑암이 깊음 위에 있고"(창 1:2b).

☑ 오늘의 문답을 복습해요

아래 빈칸을 채워 오늘의 문답을 완성해봅니다.

질문 - 하나님이 또 어떤 것을 만드셨지?

대답 - ________ ________을 만드셨어요.

☑ 엄마 아빠와 함께 기도해요

하나님, 우리가 살고 있는 세상과 그 안에 존재하는 모든 것을, 오직 말씀으로 창조하신 하나님의 힘과 능력을 가만히 생각해봅니다. 하나님의 말씀에는 도대체 얼마나 크고 놀라운 힘과 능력이 들어 있어서 이전에는 존재하지 않았던 세상이 "네" 하고 순종하여 그 모습을 드러낸 것입니까. 이와 같이 크고 놀라운 하나님의 힘과 능력을 ________와 엄마 아빠가 매사에 인정하고 의지할 수 있도록 도와주세요! 예수님의 이름으로 기도합니다, 아멘!

☑ 영어로 읽어보는 교리문답

Question - What else did God make?

Answer - God made all things.

오늘의 영어 문답 키워드는 'else'입니다. 'else'가 없었다면 "하나님이 무엇을 만드셨나요?"(What did God make?)라는 보다 단순한 의미가 되었겠지만 'else'가 들어가면서 "하나님이 또 다른 어떤 것을 만드셨나요?"(What else did God make?)라는 의미가 되었습니다! 제공된 QR 코드를 통해 함께 따라 읽어주세요!

질문 왜 하나님이 모든 것을 만드셨을까?

대답 하나님의 영광을 위해서요.

☑ 오늘의 문답을 암송해요

오늘의 교리문답을 세 번 정도 반복해 읽어봅니다. (어른 - 왜 하나님이 모든 것을 만드셨을까? 아이 - 하나님의 영광을 위해서요.) 엄마 아빠가 묻고 아이가 대답하는 과정을 통해 세 번째 교리문답 역시 암송해 봅니다.

☑ 엄마 아빠가 읽어주는 교리문답 해설

네가 만들고 싶어 하는 그것!

요즘 ________는 <마인크래프트>라는 게임에 푹 빠져 있는 것 같아. 학교에 가 있는 주중에는 게임을 할 시간이 없지만 상대적으로 조금 여유가 있는 주말에는 한 시간 정도 온라인에서 친구를 만나 함께 게임을 하기도 하는데 그 시간을 일주일 내내 얼마나 고대하는지! 친구와 함께 온라인상에서 무언가를 짓기도 하고 부수기도 하고 다른 부족들과 전투를 벌이기도 하고, 하여튼 게임을 할 때면 굉장히 열정적으로 재미있게 시간을 보내는 너의 모습이 엄마 아빠는 예쁘고 사랑스러워. 그런데 얼마 전 네가 코딩을 배우고 싶다고 했을 때 엄마 아빠는 사실 깜짝 놀랐어. 코딩이 너희 세대에게 꼭 필요한 언어이자 기술이라는 이야기는 들어보았지만 그것을 배우고 싶다는 말을 너에게서 직접 듣게 될 줄은 몰랐거든. 왜 코딩을 배우고 싶냐는 질문에 너는 네가 원하는 종류의 게임을 직접 만들고 싶어서라고 대답했지. 그래, 네가 코딩을 배우고 싶은 데에도 분명한 이유와 목적이 있었던 거야. 바로, 친구와 더 즐겁게 놀고 싶은 마음 말이야.

♥ 양육자 노트

코로나-19 이전에도 미디어의 사용, 특별히 지나친 스크린타임 혹은 게임 시간은 대부분의 부모님에게 우려와 염려의 대상이었습니다. 많은 도서와 강연에서 미디어 사용의 부정적 영향이 강조되었고, 따라서 미디어는 바람직한 육아에서 가장 먼저 극복되고 제거되어야 할 대상으로 여겨진 것이 사실입니다. 하지만 코로나-19를 통해 미디어의 긍정적인 기능이 부각되었고 (사실 미디어의 도움 없이는 이제 학교 수업도 제대로 할 수가 없는 상황이 되어버렸지요) 이제는 우리 아이들의 삶에서 떼어놓을 수 없는 일부가 되어버린 미디어의 사용에 대해 좀 더 현실적 접근이 필요해 보입니다.

물론 미디어의 지나친 사용은 아이들의 성장에 부정적인 영향을 미칠 수 있습니다. 뇌성장을 방해하고,* 주의집중력을 저하시키며,** 사회적 발달에도 좋지 못한 영향을 끼칩니다.*** 하지만 미디어는 이미 우리 아이들의 삶, 특별히 이들의 미래에서 떼어놓을 수 없는 일부가 되었고**** 따라서 미디어에 대한 우리의 태도에 변화가 요구됩니다. 이러한 상황에서 저는 세 가지 변화를 제안하고 싶습니다. 먼저, 부모와 함께 빚어가는 디지털 습관입니다. 앞서 언급한 대로 지나친 미디어 사용은 한창 자라가는 우리 아이들의 성장에 부정적인 영향을 끼칠 수 있습니다. 따라서 얼마나, 어떻게 미디어를 사용해야 할지 아이들과 함께 규칙을 정하고 정해진 규칙을 잘 지켜나가는 것이 중요합니다.***** 두 번째로, 아이들과의 관계 지수입니다.****** 부모는 가정의 감시자로 부름 받지 않았습니다. 대신 아이들의 삶에 참여하고 본을 보이도록 부름 받았지요. 미디어 사용의 기준을 정할 때, 부모도 함께 지킬 수 있는 내용으로 정해보세요. 그리고 함께 노력하고, 또 함께 실패해보세요. 그렇게 할 때 아이는 부모인 우리를 보다 더 사랑하고 신뢰하게 될 것입니다. 모든 규칙과 율법은 사랑의 관계 안에서 가장 잘 작동합니다. 마지막으로, 양육의 기본 전제가 되어야 할 신앙 교육입니다. 세상은 계속해서 변화하고 변화의 속도는 앞으로 더 빨라질 것입니다. 급변하는 세상에서 우리가 아이들에게 건네줄 수 있는 가장 큰 선물은 아이들의 마음에 영원불변한 진리의 말씀을 가장 우선하여 심어주는 것입니다. 영원불변한 하나님의 말씀만이 우리 아이들이

* 『스마트폰으로부터 아이를 구하라』(마더북스, 2018).

** 루시 조 팰러디노, 『스마트폰을 이기는 아이』, 이재석 옮김(마음친구, 2018).

*** 게리 채프먼, 알린 펠리케인, 『스마트폰에 빠진 아이들, 어떻게 가르칠 것인가?』, 윤은숙 옮김(생명의말씀사, 2015).

**** 최재붕, 『포노 사피엔스』(샘앤파커스, 2019).

***** 여기에는 온라인상에서의 개인정보 관리, 온라인 콘텐츠의 연령등급 준수, 디지털 기기(특별히 스마트폰)의 사용 장소, 온라인 에티켓 등에 대한 논의가 포함되어야 하는데, 구체적인 예시는 얄다 T. 울스의 『아이와 싸우지 않는 디지털 습관 적기 교육』, 김고명 옮김(KOREA.COM, 2015), 52-58쪽을 참조할 수 있습니다.

****** 같은 책.

만나게 될 혼돈한 세상에서 안정감의 원천이 되어줄 것입니다. 그런 의미에서 이 책을 통해 자녀에게 교리를 가르치시는 부모님 모두를 응원하고 축복합니다.

하나님은 왜?

마찬가지로 하나님이 모든 것을 만드신 데에도 이유가 있지 않을까? 하나님은 왜 너를(꼬꼬마 교리문답 1문*), 온 우주와 그 안에 있는 모든 것을(2문) 만드신 걸까? 성경은 하나님이 하나님의 영광을 위해서 이 모든 것을 만드셨다고 이야기해.** 이건 하나님이 손수 만드신 것들을 통해 자신이 어떤 분인지를 보여주신다는 말이야. 예를 들어, 네가 정말로 코딩을 배워 게임을 만들게 된다면, 너는 네가 만드는 캐릭터와 아이템, 그리고 네가 선택하는 음악과 배경, 또 텍스처 등을 통해 네가 어떤 사람인지를 드러내게 될 거야. 그리고 사람들이 와서 네가 만든 게임을 하면서 즐거운 시간을 보낸다면 너는 아마 굉장히 기쁘고 뿌듯하겠지? 마찬가지야, 하나님도 하나님이 만드신 모든 것을 통해 자신이 어떠한 분이신지를—얼마나 멋진 분이신지를—드러내 주실 뿐 아니라 우리가 그분의 크고 놀라운 능력을 즐거워할 때 한없이 기뻐하셔!

* 이하 꼬꼬마 교리문답의 인용과 참조는 문답의 번호로만 표기하겠습니다.

** "하늘이 하나님의 영광을 선포하고 궁창이 그의 손으로 하신 일을 나타내는도다"(시 19:1).

하나님이 우리에게 원하시는 삶!

________야, 네가 이 땅에 태어난 것은 결코 우연이 아니야. 하나님이 특별한 목적과 이유를 가지고 너를 만드셨고 엄마와 아빠에게 그리고 이 세상에 너를 보내주신 거야. 하나님은 너를 사랑하시고 또 네가 무엇보다 하나님을 사랑하기를 원하셔! 우리가 하나님으로부터 사랑받는 삶을 누리고 또 하나님을 사랑하는 삶을 살 때 이 세상은 하나님이 어떠한 분이신지를 알게 될 거야. 바로 하나님이 사랑이신 것을 말이야.

☑ 오늘의 문답을 복습해요

아래 빈칸을 채워 오늘의 문답을 완성해봅니다.

질문 - 왜 하나님이 모든 것을 만드셨을까?
대답 - __________의 ________을 위해서요.

☑ 엄마 아빠와 함께 기도해요

하나님, 우리를 만드신 뜻과 이유를 생각해볼 수 있는 기회를 주셔서 감사합니다! 이렇게 부족한 우리를 통해 하나님이 영광을 받기 원하셨다니 부끄러운 마음이 들기도 합니다. 하지만 이토록 멋진 하나님이 우리를 손수 지으시고 변치 않는 마음으로 우리를 사랑해주신다는 사실에 가슴이 벅차오르기도 합니다. 하나님, 우리를 통해 영광 받아주세요. 예수님의 이름으로 기도합니다, 아멘!

☑ 영어로 읽어보는 교리문답

Question – Why did God make all things?
Answer – For His own glory.

오늘의 문답에는 'own'이라는 단어가 들어가 있어요. 사실 이 단어가 없어도 문답의 의미를 전달하는 데는 큰 어려움이 없겠지만 하나님 '자신의' 영광을 위하여라고 강조하기 위해 들어간 단어예요. 오늘의 문답도 주어진 QR 코드를 사용해 여러 번 반복해 읽어볼까요?

교리문답 4

질문 **왜 세상 모든 것이 이렇게 움직이는 걸까?**

대답 **하나님이 그렇게 정하셨어요.**

☑ 오늘의 문답을 암송해요

오늘의 문답을 세 번 정도 반복해 읽어봅니다. (어른 - 왜 세상 모든 것이 이렇게 움직이는 걸까? 아이 - 하나님이 그렇게 정하셨어요.) 엄마 아빠가 묻고 아이가 대답하는 과정을 통해 네 번째 교리문답 역시 암송해봅니다.

☑ 엄마 아빠가 읽어주는 교리문답 해설

세상은 왜?

우리는 세상이 돌아가는 모습과 방식에 대해 여러 질문이나 불만을 가질 수 있어. 예를 들어 하루는 왜 낮과 밤으로 반씩 나누어져 있을까? 우리는 왜 학교에 (직장에) 가야 할까? 나는 왜 이렇게 생겼을까? 노는 게 너무 좋아서 밤이 되었는데도 잠들고 싶지 않을 때는 밤보다 낮이 더 길었으면 좋겠고, 너무 피곤하고 지친 날에는 내일 학교에 가지 않았으면 좋겠고, 내가 너무 못난 아이처럼 느껴질 때는 지금보다 더 예쁘고 멋진 사람이었으면 좋겠고 말이야. 그래, 그런 날들이 있어. 엄마 아빠도 그래.

하나님의 선하신 뜻대로

어떤 사람들은 하나님이 이 세상을 창조하셨다는 사실은 믿지만 하나님이 지금도 이 세상을 사랑으로 돌보고 계신다는 사실은 믿지 않으려고 해. 잘 돌아가고 있는지 의심할 필요가 없는 값비싼 전자기기처럼 이 세상도 혼자 잘 돌아가고 있다고 생각하는 거야. 하지만 성경은 모든 것을 창조하신 하나님이 지금 이 순간에도 세상의 모든 것을 사랑으로 지키고 돌보신다고 이야기해. 하나님이 선한 뜻 가운데 미리 정하신 대로 세상 모든 것이 움직인다고 말이야. 만일 ________가 전혀 예상치 못한 행동을 한다면, 예로 마트에서 갑자기 큰 소리로 노래를 부르기 시작한다면, 엄마 아빠는 어떨까? 아마 깜짝 놀라겠지? 너 역시 전혀 생각지도 못한 일을 마주한다면, 예를 들어 네 학교의 모든 남학생 혹은 여학생들이 너를 좋아한다고 고백해온다면 어떨까? 좋지만 매우 당황스러울 거야. 우리가 예상하고 계획하지 않은 일들이기 때문이지. 하지만 하나님은 이 세상 어떠한 일에도 깜짝 놀라거나 당황하는 법이 없으셔. 왜냐하면 이 세상에서 하나님의 뜻을 벗어나 일어나는 일은 한 가지도 없거든. 세상 모든 일이 하나님의 선하신 뜻 가운데 하나님이 미리 정하신 대로 이루어지고 있다는 뜻이야.

♥ 양육자 노트

세상 모든 것이 하나님이 정하신 대로 움직인다고 한다면, 이 세상에서 일어나는 나쁜 일은 어떻게 설명해야 할까요? 마태복음 13:24-30에는 알곡과 가라지의 비유가 나옵니다. 어느 날, 가라지의 존재에 혼란을 느낀 일꾼들이 주인을 찾아와 묻지요. "주인님, 이 가라지는 대체 어디에서 생긴 겁니까?" 단순히 이들의 혼란 혹은 호기심으로부터 나온 질문이었을 수도 있겠지만, 이면에는 주인을 의심하고 주인에게 책임을 돌리고자 하는 마음이 있었을 수도 있습니다. 우리도 세상의 악에 대해 하나님께 묻곤 합니다. "하나님, 대체 어디에 계십니까? 왜 우리를 보호해주시지 않는 겁니까?" 하나님의 사랑을 의심하고 세상의 악과 불행에 대해 하나님께 책임을 돌리고자 하는 겁니다. 혼란스러워하는 일꾼들에게 주인은 대답합니다. "원수가 이렇게 하였구나." 맞습니다, 우리는 세상의 악에 대하여 하나님께 책임을 물을 수 없습니다. 하나님은 우리가 이 땅에서 악을 행하거나 불행을 경험하기 원치 않으십니다. 우리는 하나님이 사랑하는 하나님의 자녀들입니다. 그리고 이것은 우리에게 굉장히 기쁜 소식입니다.

그렇다면 이 세상에 존재하는 악과 불행에 대해 우리는 무엇을 해야 할까요? 악과 불행은 불편하기 그지없는 현실입니다. 따라서 우리는 이들을 제거하기를 바라고 그렇게 하는 것이 하나님을 위한 일이라 생각하기 쉽습니다. 일꾼들이 물었습니다. "그러면 우리가 가서 이것을 뽑기 원하십니까?" 하지만 주인은 이들을 만류하지요. 여기에는 두 가지 이유가 있는데, 먼저는 세상의 악과 불행을 제거하려는 우리의 노력을 통해 또 다른 악과 불행이 생겨날 수 있기 때문입니다. 주인은 이야기합니다. "가만두라. 가라지를 뽑다가 곡식까지 뽑을까 염려하노라." 우리는 이 세상의 악과 불행을 상대로 최후의 승리를 거머쥘 수 있는 유능한 사람들이 아닙니다. 우리는 이 사실을 겸허히 인정해야 합니다. 둘째로 지금은 이 세상에 악과 불행이 존재하지만 이들의 결국은 이미 정해져 있기 때문입니다. 이어지는 주인의 답변입니다. "둘 다 추수 때까지 함께 자라게 두라. 추수 때에 내가 추수꾼들에게 말하기를 '가라지는 먼저 거두어 불사르게 단으로 묶고 곡식은 모아 내 곳간에 넣으라' 하리라." 온 우주 만물을 창조하시고 운영하시는 하나님께서 정해진 때 악과 불행을 심판하시고 상처 입은 자들을 위로해주실 것입니다. 그리고 이것은 지금 이 세상에서 고통과 씨름하는 우리에게 무엇과도 비교할 수 없이 크고 유효한 위로를 전해줍니다.

알곡과 가라지 비유에 대한 위의 설명은 토마스 롱, 『고통과 씨름하다』, 장혜영 옮김(새물결플러스, 2014), 192-235쪽으로부터 왔습니다.

너무나도 다행스러워!

내일이 오랫동안 고대해온 소풍날인데 밤새 비가 내린다면 너무나도 걱정스러울 거야. 그런데 소풍날 아침 거짓말처럼 밤새 내리던 비가 뚝 하고 그친다면 마음이 어떨까? '와, 소풍을 무사히 떠날 수 있겠어' 하고 다행스러운 마음이 들겠지? 이렇게 걱정하던 것과는 달리 일이 잘되어 기분이 좋아지는 마음을 우리는 "다행스럽다"라고 표현해!* 엄마 아빠는 이 세상이 엄마 아빠가 바라는 대로가 아니라, 하나님이 정하신 대로 움직인다는 사실이 너무나도 다행스러워. 왜냐하면 하나님은 이 세상의 모든 것을 말씀으로 창조하실 만큼 크고 멋진 분이시니까! 우리 사랑하

* 박성우, 『아홉 살 마음사전』(창비, 2017), 28.

는 ________의 삶도 마찬가지야. 하나님은 우리 ________를 향한 선한 계획을 가지고 계시고 그 계획을 반드시 이루어주실 거야. 하나님이 우리를 지으시고 다스리는 분이라는 사실은 얼마나 다행스러운지!

☑ 오늘의 문답을 복습해요

아래 빈칸을 채워 오늘의 문답을 완성해봅니다.

질문 - 왜 세상 모든 것이 이렇게 움직이는 걸까?
대답 - ________이 그렇게 ________________.

☑ 엄마 아빠와 함께 기도해요

하나님, 우리에게 일어나는 모든 일이 하나님의 선하신 뜻과 계획 가운데 있음을 알게 해주셔서 감사합니다. 힘들고 어려운 일을 당할 때, 외롭고 낙심이 될 때 이 같은 사실을 기억하고 우리의 소망을 오직 하나님 안에 두는 우리가 되게 해주세요. 예수님의 이름으로 기도합니다, 아멘!

☑ 영어로 읽어보는 교리문답

Question – Why do things work / as they do?

Answer – God has so planned* it.

오늘의 질문은 둘로 쪼개어 읽고 암송하는 것을 추천해요. '왜… 움직이는 걸까?'(Why do things work)와 '그렇게'(as they do)로 말이에요. 답변의 핵심은 'so'라는 단어예요. '그렇게'라는 뜻으로 쓰였고요. 오늘의 문답도 주어진 QR 코드를 사용해 여러 번 반복해 읽어볼까요?

☑ 이번 장을 마무리해요

첫 번째 장을 마무리 짓습니다. 네 개의 단순한 문답이지만, 창조주 하나님의 권위를 천명하면서 앞으로의 문답에 대한 든든한 기초를 제공해주고 있어요. 하나님은 하나님의 영광을 위하여 세상과 우리를 창조하셨고 지금도 완벽한 섭리 가운데 우리 모

* 원문의 단어는 decreed입니다. 지금은 잘 사용하지 않는 단어라 planned로 수정했습니다.

두의 삶을 돌보아주고 계십니다. 할 수 있다면 아래의 빈칸을 채워가며 이제까지 암송한 문답을 다시 한번 복습해보세요.

질문 - 누가 너를 만드셨지?

대답 - ________이요.

질문 - 하나님이 또 어떤 것을 만드셨지?

대답 - ________ ________을 만드셨어요.

질문 - 왜 하나님이 모든 것을 만드셨을까?

대답 - ________의 ________을 위해서요.

질문 - 왜 세상 모든 것이 이렇게 움직이는 걸까?

대답 - ________이 그렇게 ____________.

정답: 하나님, 모든, 것, 하나님, 영광, 하나님, 정하셨어요

1. 모든 것을 만드셨어요

2

우리에게 알려주세요

교리문답 5

질문 **하나님에 대해서 배우려면 어떻게 해야 하지?**

대답 **하나님이 알려주세요.**

☑ 오늘의 문답을 암송해요

오늘의 교리문답을 세 번 정도 반복해 읽어봅니다. (어른 - 하나님에 대해서 배우려면 어떻게 해야 하지? 아이 - 하나님이 알려주세요.) 엄마 아빠가 묻고 아이가 대답하는 과정을 통해 오늘의 교리문답 역시 암송해봅니다.

☑ 엄마 아빠가 읽어주는 교리문답 해설

쉿, 비밀이야!

엄마가 먹지 말라는 간식을 아빠와 몰래 해치우고 난 후 두 사람은 서로의 눈을 찡긋 맞추고 이렇게 속삭일 거야. "쉿, 비밀이야!" 아빠의 생일이 다가오고 있어. 아빠에게 줄 깜짝 선물을 준비하고 있는 우리 사이에 행복한 비밀이 생긴 거야. "쉿, 비밀이야!" 오늘 놀이터에서 친구와 놀다가 학원에 늦고 말았어. 이런,

엄마에게 혼날 텐데. 친구와 오늘의 일은 비밀에 부치자 약속했지. "쉿, 비밀이야!" 이렇게 비밀은 그 비밀 이야기를 나눈 사람들 사이에만 머무는 은밀한 이야기야. 아빠와 너 사이에 비밀이 있다면 엄마는 그 비밀을 알 수가 없고, 엄마와 너 사이에 비밀이 있다면 아빠는 그 비밀을 알 수가 없지. 마찬가지로 너와 네 친구 사이에 있는 비밀을 엄마 아빠는 알 수 없어. 비밀은 '숨겨진' 사실이거든.

하나님의 비밀?

하나님이 어떤 분이신지에 대해 우리가 가장 먼저 알고 있어야 하는 사실은 하나님의 존재가 우리에게는 꼭꼭 숨겨진 비밀이라는 거야. 에고, 비밀이라니, 그럼 우리는 하나님이 어떤 분이신지 전혀 알 수 없다는 말일까? 그래, 맞아, 우리가 아무리 노력해도, 아무리 많은 시간을 들여도 우리는 하나님이 어떤 분이신지 정확히 알 길이 없어.* 비밀이신 하나님을 알 수 있는 방법은 하나님이 그 비밀스러운 이야기를 우리에게 직접 들려주시는 거야. "__________야, 이건 사실 비밀인데, 사랑하는 __________에게는 숨기지 않고 이 비밀스러운 이야기를 들려주고 싶어!" 와, 너무 감격스러운 장면이야. 온 우주와 그 안에 있는 모든 것을 지

* 황희상, 『특강 소요리문답 상』(흑곰북스, 2011), 48.

으신 하나님이 허리를 숙여 사랑하는 ________의 귓가에 온 세상에서 가장 비밀스러운 이야기를 들려주신다니 말이야.

행복해지는 비밀

엄마가 먹지 말라는 간식을 몰래 먹고 아빠와 만들었던 비밀처럼 어떤 비밀은 우리의 마음을 긴장하게 하고, 또 어떤 비밀은 우리의 마음을 걱정하고 불안하게 해. 학원을 빠지고 엄마에게 혼날까 봐 친구와 비밀에 부치자 작당을 한 것처럼 말이야. 하지만 우리의 마음을 행복하게 하는 비밀도 있어. 사랑하는 아빠의 생일을 축하하기 위해 엄마와 함께 준비해온 깜짝 선물은 가장 먼저 우리의 마음을 행복하게 해. 그런데 사실 이 행복은 우리가 그동안 간직해온 비밀을 짠하고 드러낼 때 훨씬 더 커질 거야. 드디어, 드디어, 아빠의 생일이 되어 우리가 그동안 비밀스럽게 준비한 깜짝 선물을 아빠에게 보여주고 아빠가 놀라 행복해한다면 우리는 얼마나 더 기쁘고 행복할까! 하나님도 마찬가지이실 것 같아. 하나님은 하나님 안에 있는 크고 놀라운 사랑*을 우리가 알기 원하셔! 우리가 하나님을 알 수 있다니 정말로 기쁜 소식이야.

* 성부 성자 성령 하나님 안에 머무는 사랑.

☑ 오늘의 문답을 복습해요

아래 빈칸을 채워 오늘의 문답을 완성해봅니다.

질문 - 하나님에 대해서 배우려면 어떻게 해야 하지?

대답 - ________이 ________________.

☑ 엄마 아빠와 함께 기도해요

하나님, 우리는 우리 자신의 힘으로 하나님이 어떤 분이신지 도저히 알 수 없습니다. 그런데 그런 우리를 그냥 내버려두지 않으시고 하나님이 어떤 분이신지를 우리에게 보여주신다니 너무너무 기쁘고 감사합니다. 하나님이 보여주시는 하나님의 모습을 잘 들여다볼 수 있는 눈, 잘 들을 수 있는 귀, 잘 새길 수 있는 마음을 허락해주세요! 예수님의 이름으로 기도합니다, 아멘!

☑ 영어로 읽어보는 교리문답

Question - How do we learn / about God?

Answer - God reveals Himself.

오늘의 문장은 비교적 단순하고 짧습니다. 한 가지 질문에 등장한 learn과 답변에 등장한 reveal은 한국인들이 어려워하는 소리인 알파벳 'l'과 'r'로 시작합니다. 소리에 주의해서 들어보세요. 제공된 QR 코드를 사용해 함께 따라 읽어볼까요?

교리문답 6

질문 어디를 보면 하나님을 알 수 있어?

대답 하나님의 말씀과 세상이요.

☑ 오늘의 문답을 암송해요

오늘의 교리문답을 세 번 정도 반복해 읽어봅니다. (어른 - 어디를 보면 하나님을 알 수 있어? 아이 - 하나님의 말씀과 세상이요.) 엄마 아빠가 묻고 아이가 대답하는 과정을 통해 오늘의 교리문답을 암송해봅니다.

☑ 엄마 아빠가 읽어주는 교리문답 해설

엄마의 캘린더와 일기장

만일 누군가 엄마에게 "_________ 엄마는 어떤 사람이세요?"라고 묻는다면 엄마는 어떻게 대답할 수 있을까? 엄마가 좋아하는 색깔, 좋아하는 음식, 좋아하는 계절, 좋아하는 사람을 들어 "저는 이런 사람이에요"라고 설명할 수도 있겠지. 하지만 엄마를 보다 더 잘 설명해주는 것이 있다면, 바로 엄마의 캘린더와 일기장일 거야. 엄마의 캘린더에는 매일매일 해야 할 일들이 빼곡히 적혀 있어. ________의 학교 일정, 엄마가 참석해야 하는 학교 행사는 물론 사랑하는 우리 가족들의 생일과 기념일도 적혀 있지. 그리고 엄마가 직장에서 처리해야 하는 중요한 업무들과 기한도 함께 표시되어 있어. 엄마가 잊어서는 안 되는 중요한 일들이 캘린더에 빠짐없이 적혀 있는 거야. 반면 하루하루를 보내면서 행복했던 일, 보람되었던 일, 후회했던 일, 새롭게 배운 일들은 일기장에 기록되어 있지. 가끔 지난 일기장들을 들춰 보면서 '아, 그때는 이런 일이 있었고 이런 생각을 했구나. 내 마음이 그랬었구나' 새삼 느끼곤 해. 캘린더가 엄마의 삶을 보여주는 거울이라면 일기장은 엄마의 마음을 보여주는 거울이라고 할까?

하나님의 계획과 마음

하나님에 대해 알고 싶다면 우리는 어디를 보아야 할까? 성경은 하나님의 말씀과 세상을 통해 우리가 하나님에 대해 배울 수 있다고 이야기하고 있어. 우리는 우리 자신의 힘과 노력으로 하나님을 도저히 알아갈 수 없는 사람들인데, 하나님이 그런 우리를 위해 하나님 자신에 대한 여러 (직접적 간접적) 힌트들을 남겨두신 거야. 어디에 남겨두셨다고? (대답을 기다려봅니다) 그래, 맞아, 하나님의 말씀과 세상에 남겨두셨어. 우리가 하나님을 반드시 찾고 하나님에 대해 배울 수 있도록 말이야.

하나님, 알고 싶어요!

________야, '보물찾기'라는 게임을 알고 있지? 술래가 게임이 열리는 넓은 들판에 다양한 선물이 적힌 쪽지를 숨기고 게임이 시작되면 모든 플레이어가 들판을 돌아다니며 숨겨진 쪽지를 찾고 거기에 적힌 선물을 받는 게임 말이야. 오늘 우리가 암송한 것처럼 하나님에 대해 배울 수 있는 힌트가 기록된 쪽지들이 하나님의 말씀과 세상 곳곳에 숨어 있는데 중요한 것은 우리가 그것들을 정말로 찾고 싶은지일 거야. ________는 하나님에 대해 알고 싶니? 어쩌면 "학교에서 이것도 배우고 학원에서 저것도 배우는데 집에서까지 뭘 배워야 해요?" 하고 볼멘소리를 내고 싶을 수도 있어. 하지만 하나님은 우리가 이 세상에서 가장 열정적으로 알기 원하고 또 사랑해야 할 가장 크고 중요한 존재이신걸! 우리 같이 화이팅해보자!

☑ **오늘의 문답을 복습해요**

아래 빈칸을 채워 오늘의 문답을 완성해봅니다.

질문 - 어디를 보면 하나님을 알 수 있어?

대답 - 하나님의 __________과 __________이요.

☑ 엄마 아빠와 함께 기도해요

하나님, 우리가 하나님을 찾고 배우기 원하신다니 너무너무 감사합니다. 스스로의 힘과 능력으로 하나님을 알 수 없는 우리를 위해 하나님에 대한 사실(진리)들을 하나님의 말씀과 세상 속에 미리 감추어두신 것도 감사합니다. 우리가 눈을 크게 뜨고 마음을 활짝 열어 하나님을 부지런히 배워갈 수 있도록 도와주세요. 예수님의 이름으로 기도합니다, 아멘.

☑ 영어로 읽어보는 교리문답

Question – Where does God reveal Himself?

Answer – In His word and in nature.

제공된 QR 코드를 통해 함께 따라 읽어주세요!

교리문답 7

질문 하나님이 세상 속에서 무엇을 나타내시지?

대답 하나님의 성품과 법, 그리고 진노*예요.

☑ 오늘의 문답을 암송해요

오늘의 교리문답을 세 번 정도 반복해 읽어봅니다. (어른 - 하나님이 세상 속에서 무엇을 나타내시지? 아이 - 하나님의 성품과 법, 그리고 진노예요.) 엄마 아빠가 묻고 아이가 대답하는 과정을 통해 오늘의 교리문답을 암송해봅니다.

☑ 엄마 아빠가 읽어주는 교리문답 해설

한 송이 꽃을 통해 만나는 좋으신 하나님!

요즘 사람들은 예전만큼 TV를 보지 않고 대신 넷플릭스나 유튜브와 같은 온라인 매체를 더 많이 애용하는 것 같아. 넷플릭스

* '진노'는 성난 마음이에요. 하나님은 우리가 하나님을 사랑하지 않을 때, 하나님께 순종하지 않을 때, 우리 자신의 죄로 고통을 당할 때, 성난 마음을 느끼세요. 그리고 하나님의 성난 마음을 우리는 진노라고 부를 수 있어요.

는 매달 얼마의 돈을 내고 구독을 해야 하는 서비스이고, 유튜브도 광고를 보지 않으려면 똑같이 매달 얼마의 돈을 지불해야 해. 최근에는 이렇게 매달 얼마의 돈을 내고 구독을 받는 서비스들이 늘어나고 있어. 어떤 사람들은 밥과 반찬을 구독하기도 하고, 어떤 사람들은 옷과 가방을, 또 어떤 사람들은 꽃을 구독하기도 해. 와, 꽃을 구독한다니, 조금 생소하기는 하지만 매달 새로운 꽃을 만나는 기쁨은 크고 설렐 것 같기도 하다. 아직은 덜 피어난 꽃송이들을 받아 어여쁜 화병에 정성스레 담고 며칠 동안 꽃잎들이 살포시 벌어지는 과정을 들여다보다가 마침내 생을 다한 꽃잎들이 툭 하고 이파리를 떨어뜨리는 모습은 왠지 우리의 마음을 경건하게 만들어줄 것 같기도 해. 이렇게 작고 작은 꽃 한 송이에도 하나님의 아름다운 성품과 완벽한 법이 새겨져 있다는 사실을 매일 아침 생각하게 될 테니까 말이야.*

참 좋다!

하나님이 처음 이 세상을 창조하셨을 때 이 세상은 어떤 모습이었을까? 성경은 하나님이 매일의 창조를 마치시고 그 창조물을 바라보며 이렇게 감탄하셨다고 이야기해. "참 좋다!"** 너무 좋

* Bruce A. Ware, *Big Truths for Young Hearts* (Wheaton, Il: Crossway, 2009), 19.
** 창 1장.

은 말이야. 우리가 어떠한 일을 하든지, 그것이 학교 숙제든 아니면 직장 업무든 최선을 다하고 난 후 그것을 바라보며 "참 좋다!"라고 말할 수 있다면 얼마나 행복할까? 하나님은 손수 지으신 이 세상을 보시고 만족하셨고 그 세상을 우리에게 주실 수 있어 기뻐하셨어.

아파하는 이 세상

하지만 솔직히 말해서 지금 우리가 살고 있는 세상은 그렇게 좋아 보이지 않아. 사람들이 서로를 미워하고 싸우기도 하고 몸과 마음이 아픈 사람들도 너무 많지. 자연도 마찬가지야. 사람들이 오랜 시간 자연을 보호하지 않고 함부로 대했기 때문에 자연은 예전보다 지금 더 많이 아파하고 있어. 자원을 낭비한다거나 나무를 함부로 베어버린다거나 편리하다는 이유로 일회용품을 지나치게 많이 사용했기 때문이지. 사실 코로나 바이러스도 우리가 하나님이 주신 자연과 그 안에서 서로의 경계를 존중하며 더불어 살아야 할 다른 동물들을 제대로 보살피지 못했기 때문에 우리에게 찾아온 재앙일 수 있어. 하나님이 "참 좋다!"라고 감탄하셨던 이 세상에 대체 어떠한 일이 일어난 걸까? 이 질문에 대한 답은 이후에 다시 배우겠지만(18문) 우리는 이 세상 곳곳에서 (하나님의 아름다운 성품과 완벽한 법 말고도) 하나님의 성난 마음*을 발견할 수 있어.

☑ 오늘의 문답을 복습해요

아래 빈칸을 채워 오늘의 문답을 완성해봅니다.

질문 – 하나님이 세상 속에서 무엇을 나타내시지?
대답 – 하나님의 ________과 ________, 그리고 ________예요.

☑ 엄마 아빠와 함께 기도해요

하나님, 눈을 크게 뜨고 바라보니 세상이 하나님이 얼마나 멋진 창조주이신지를 드러내 주네요. 우리에게 주신 세상을 바라보며 하나님이 얼마나 멋진 분이신지를 매일같이 고백할 수 있도록 도와주세요. 또 이토록 멋진 하나님의 마음을 아프게 하는 우리의 죄를 깨달을 수 있도록 도와주세요. 우리의 죄로 아파하는 자연과 하나님의 마음을 느낄 수 있도록 도와주세요. 예수님의 이름으로 기도합니다, 아멘!

* 진노.

☑ 영어로 읽어보는 교리문답

Question – What does God reveal in nature?

Answer – His character, law, and wrath.

Character는 성품, 그러니까 어떤 사람의 독특한 특징, 진짜 모습, 인격을 가리키는 단어입니다. 제공된 QR 코드를 사용해 함께 따라 읽어주세요.

교리문답 8

질문 **하나님이 말씀 안에서 무엇을 더 보여주시지?**

대답 **하나님의 백성을 향한 자비* 요.**

☑ 오늘의 문답을 암송해요

오늘의 문답을 세 번 정도 반복해 읽어봅니다. (어른 - 하나님이 말씀 안에서 무엇을 더 보여주시지? 아이 - 하나님의 백성을 향한 자비요.) 엄마 아빠가 묻고 아이가 대답하는 과정을 통해 오늘의 교리문답 역시 암송해봅니다.

☑ 엄마 아빠가 읽어주는 교리문답 해설

큰 잘못을 저질렀어요

엄마가 어렸을 때 있었던 일이야. 할아버지와 할머니는 일을 보러 나가시고 엄마는 집에 놀러 온 엄마의 친구, 그리고 삼촌과

* 자비는 상대방의 잘못을 덮어주는 거예요. 벌을 받아 마땅한 사람에게 벌을 내리지 않는 거예요.

함께 밥을 먹고 있었어. 밥을 다 먹을 때 즈음 벽에 걸린 달력과 그 달력 앞으로 걸린 화장지가 보였어. 누군가 화장지를 깔끔하게 뜯어내지 못해 화장지 조각이 지저분하게 남아 있는 모습이라니, 깔끔한 엄마가 그걸 그냥 둘 리가 없지. 거기까지는 좋아. 그런데 너무나도 갑자기 '성냥불로 살짝 그을리듯 태워내면 더 완벽하지 않을까?' 하는 생각이 든 거야. 그래서 바로 실천에 옮겼지. 그런데 세상에나 그 작은 성냥불이 순식간에 화장지 전체로 옮겨붙었고 곧 달력으로도 불이 붙기 시작했어. 겁을 먹은 친구는 도망가버렸고 다행히 불이 벽으로 옮겨붙으려는 찰나 삼촌과 엄마는 밥상 옆에 있는 물을 부어 급하게 불을 끌 수 있었어.

벌을 기다리는 가슴 조이는 시간

엄마는 집을 깨끗하게 청소했어. 그리고 방 한편에 이불을 머리끝까지 덮고 가만히 누워 할아버지와 할머니를 기다렸지. '얼마나 실망하실까? 어떻게 꾸짖으실까? 어떤 벌을 받게 될까?' 깜깜한 이불 밑에 누워 혼자 얼마나 잘못을 뉘우치고 반성했는지 몰라. 하지만 이렇게 큰 잘못을 저질렀으니 할머니 할아버지가 어떤 벌을 내리신다고 해도 달게 받아야 한다고 생각했지. 드디어 그 시간이 찾아왔고 아마도 삼촌을 통해 미리 설명을 들으신 듯 할머니 할아버지는 침착한 목소리로 이렇게 대화를 나누셨어. "여보, 혜영이가 엄청 놀랐을 거예요. 충분히 뉘우쳤을 텐데 놀란 아이를 나무라고 벌주지 맙시다." "그래요, 그럽시다." 엄마는 창피해서 바로 이불 밖으로 튀어나오지는 못했지만, 그 순간 얼마나 마음이 가벼워지던지. 정말로 가슴에 얹어져 있던 큰 돌이 들린 것 같은 기분이었어.

우리에게 자비를 베풀어주시는 하나님

자비는 상대방의 잘못을 덮어주는 거야. 벌을 받아 마땅한 사람에게 벌을 내리지 않는 거야. 용서해주는 거야. 화를 내지 않는 거야. 그 사람을 안아주는 거야. 성경은 하나님이 얼마나 자비로운 분이신지를 계속해서 이야기해주고 있어. 사람들은 자신을 만드시고 사랑하시는 하나님을 미워했어. 하나님의 말씀도 듣지 않았지. 사람들은 끊임없이 하나님을 화나게 했지만, 하나님은 계속해서 자비를 베풀어주셨어. 벌을 미루시고 용서해주셨어. 화를 참으시고 안아주셨어. 그리고 하나님은 오늘 우리에게도 자비를 베풀어주셔! 함께 이 말씀을 읽어볼까? "여호와의 인자와 긍휼이 무궁하시므로 우리가 진멸되지 아니함이니이다. 이것들이 아침마다 새로우니 주의 성실하심이 크시도소이다"(애 3:22-23). 아멘!

☑ 오늘의 문답을 복습해요

아래 빈칸을 채워 오늘의 문답을 완성해봅니다.

질문 - 하나님이 말씀 안에서 무엇을 더 보여주시지?

대답 - 하나님의 ________을 향한 ________요.

☑ 엄마 아빠와 함께 기도해요

하나님, 우리는 매일매일 잘못을 합니다. 하나님을 무시하고 이웃을 미워하고 하나님의 말씀에도 불순종합니다. 그럼에도 불구하고 우리를 사랑해주시고 우리의 잘못을 용서해주시는 하나님의 자비를 발견합니다. 우리에게 자비를 베풀어주시는 하나님, 감사합니다. 매일 아침 보여주시는 하나님의 크신 사랑을 기억하고 감사하고 의지하는 우리가 되게 해주세요. 예수님의 이름으로 기도합니다, 아멘.

☑ 영어로 읽어보는 교리문답

Question - What more is revealed / in His Word?

Answer - God's mercy / toward His people.

Mercy는 긍휼을 뜻하는 영어 단어입니다. 제공된 QR 코드를 사용해 함께 읽어주세요.

질문 **오늘날 어디에 하나님의 말씀이 있지?**

대답 **성경이 하나님의 말씀이에요.**

☑ 오늘의 문답을 암송해요

오늘의 문답을 세 번 정도 반복해 읽어봅니다. (어른 - 오늘날 어디에 하나님의 말씀이 있지? 아이 - 성경이 하나님의 말씀이에요.) 엄마 아빠가 묻고 아이가 대답하는 과정을 통해 오늘의 문답을 암송해 봅니다.

☑ 엄마 아빠가 읽어주는 교리문답 해설

우리가 존경하는 위인들

__________는 이 세상에서 제일 존경하는 사람이 누구야? (대답을 기다려봅니다.) 그렇구나, 그 사람을 제일 존경하는 이유는 뭘까? (대답을 기다려봅니다.) 맞아, 이 세상에는 우리가 존경할 만한 위인들이 많이 있어. 성경에도 훌륭한 사람들이 많이 등장하지. 바다를 가르고 이스라엘 백성들을 애굽에서 탈출시킨 모세라든

지, 작은 돌멩이 하나로 거인 골리앗을 무너뜨린 다윗이라든지, 온갖 어려움을 무릅쓰고 복음을 전하기 위해 전도 여행을 다닌 바울처럼 말이야. 하지만 이 사람들에게는 우리가 본받아야 할 점뿐 아니라 경계하고 멀리해야 할 점도 있어. 예를 들어 모세는 하나님의 명령에 불순종하면서 성질을 부렸고, 다윗은 다른 사람의 아내를 탐했을 뿐 아니라 자신의 잘못을 덮기 위해 살인까지 저질렀지. 바울은 예수님을 믿기 전 거의 미치광이처럼 다른 그리스도인들을 잡아들인 전력이 있어.

성경이 보여주는 단 한 명의 위인

엄마는 성경이 단 한 분의 위대한 존재를 보여준다고 생각해. 그 사람이 누구일까? (대답을 유도해봅니다.) 정말로 위대하신 분! 우리가 우리의 삶을 다해 본받고 닮아가야 할 유일하신 분! 흠이 없고 온전하신 분! 그래, 맞아, 하나님*이야. 사실 성경의 모든 페이지로부터 흘러나와 우리의 마음을 적셔야 하는 것은 우리를 향한 하나님의 무한한 사랑이야. '하나님은 어떻게 이렇게까지 우리를 사랑하시지? 하나님은 어떻게 이렇게까지 우리를 참아 주시지? 하나님은 어떻게 이렇게까지 우리를 용서하시지?'와 같은 탄성이 우리 마음을 압도해야 해. 성경은 하나님이 어떠한 분

* 예수님이라고 대답해도 괜찮습니다.

이신지를 보여주는 하나님의 말씀이야. 위인들의 승리가 아니라 죄인들의 실패 속에서 하나님이 어떻게 끝까지 그들을 포기하지 않으시고 사랑하셨으며 구원하셨는가를 보여주는 하나님의 사랑 이야기!

성경을 가까이해요

성경은 이렇게나 감동적인 책인데 많은 사람이 성경을 부담스럽게 생각해. 사실 엄마 아빠도 그랬어. 책도 두껍고 내용도 어렵고 읽어도 무슨 말인지 잘 모르겠고 말이야. 하지만 우리는 성경을 가까이해야 해. 왜냐하면 성경은 하나님의 말씀이고, 성경을 통해 우리를 향한 하나님의 마음과 계획을 알 수 있기 때문이야. 그리고 적절한 도움*을 받으면서 읽다 보면 또 성경만큼 재미있는 책이 없어. 이런 하나님의 말씀, 성경을 늘 가까이하는 ________가 되기를 엄마는 간절히 기도해!

☑ 오늘의 문답을 복습해요

아래 빈칸을 채워 오늘의 문답을 완성해봅니다.

* 아이들의 경우 연령대에 맞는 성경책을 읽고 교리문답을 암송하고 공부하는 것이 도움이 됩니다.

질문 - 오늘날 어디에 하나님의 말씀이 있지?

대답 - __________이 하나님의 ____________이에요.

☑ 엄마 아빠와 함께 기도해요

하나님, 우리에게 성경을 주셔서 감사합니다. 우리가 성경을 부담스럽게 느끼지 않고 언제나 가까이할 수 있도록 도와주세요. 성경을 읽을 때마다 하나님이 얼마나 위대한 분이시고 우리를 얼마나 사랑하시는지 깨닫도록 우리의 마음을 지켜주세요. 성경을 통해 하나님을 더 사랑하고 존경할 수 있도록 우리의 생각을 어루만져 주세요. 예수님의 이름으로 기도합니다, 아멘.

☑ 영어로 읽어보는 교리문답

Question - Where is God's Word today?

Answer - The Bible is God's Word.

'W'는 한국인들에게 어려운 발음 중 하나입니다. 제공된 QR 코드를 사용해 함께 따라 읽을 때 'Word'의 소리에 집중해보세요.

☑ 이번 장을 마무리해요

이번 장의 내용을 간단히 복기해보지요. 우리는 스스로의 힘으로는 하나님을 절대 알아갈 수 없고, 이 같은 우리의 사정을 아시는 하나님이 말씀과 세상을 통해 하나님의 모습을 드러내 주십니다. 세상을 통해서는 하나님의 성품과 법, 진노를, 말씀을 통해서는 하나님의 백성을 향한 자비를 보여주시는데, 이 말씀이 곧 성경입니다. 할 수 있다면 아래의 빈칸을 다시 한번 채워가며 두 번째 장을 복습해보세요.

질문 - 하나님에 대해서 배우려면 어떻게 해야 하지?

대답 - ______________이 ______________.

질문 - 어디를 보면 하나님을 알 수 있어?

대답 - 하나님의 ______________과 ______________이요.

질문 - 하나님이 세상 속에서 무엇을 나타내시지?

대답 - 하나님의 _______과 _______, 그리고 _______예요.

질문 - 하나님이 말씀 안에서 무엇을 더 보여주시지?

대답 - 하나님의 ________을 향한 __________요.

질문 – 오늘날 어디에 하나님의 말씀이 있지?

대답 – _________이 하나님의 __________이에요.

정답: 하나님, 알려주세요, 말씀, 세상, 성품, 법, 진노, 백성, 자비, 성경, 말씀

3

삼위일체세요

질문 **하나님이 몇 분 계시지?**

대답 **한 분의 참 하나님이 계세요.**

☑ 오늘의 문답을 암송해요

질문과 대답을 세 번 정도 반복해 읽어봅니다. (어른 - 하나님이 몇 분 계시지? 아이 - 한 분의 참 하나님이 계세요.) 엄마 아빠가 묻고 아이가 대답하는 과정을 통해 오늘의 교리문답을 암송해봅니다.

☑ 엄마 아빠가 읽어주는 교리문답 해설

처음 네 가지 계명

하나님이 모세에게 주신 열 가지 중요한 규칙 중 처음 네 가지가 무엇일까?* 첫 번째는, 하나님만 믿어요! 두 번째는, 하나님께만 예배드려요! 세 번째는, 하나님의 이름을 거룩히 말해요! 네 번

* 아이들이 십계명을 암송하고 있다면 1계명에서 4계명을 상기하고 대답할 수 있도록 유도해봅니다. 그렇지 못해도 괜찮습니다.

째는, 주일에는 예배를 드려요![*] 이 계명들은 우리가 하나님을 어떻게 생각하고 대해야 하는지를 잘 보여주고 있어. 우리는 하나님만을 믿고 하나님만을 예배하며 언제나 하나님을 존중하고 주일에 드리는 예배를 소중히 여겨야 해. 하나님을 그렇게 생각하고 대하지 않을 때 우리 마음에는 하나님이 기뻐하시지 않는 생각들이 피어나고 그 생각들은 곧 하나님을 미워하고 주변의 다른 사람들을 아프게 하는 열매를 맺게 될 거야.

우상을 숭배하지 말라

만일 ________가 너를 낳고 키워준 엄마 아빠를 모른 체하고 모르는 사람을 따라다니면서 "엄마, 아빠!"라고 부른다면[**] 얼마나 기가 막힌 일일까? 그런데 그렇게 기가 막힌 일이 우리의 일상에서 빈번히 일어나곤 해. 성경은 그것을 '우상숭배'라고 부르는데 이는 우리가 하나님이 아닌 다른 무엇을 더 사랑하고 의지한다는 뜻이야. 예를 들어보자. ________는 게임을 좋아하고 게임을 하면서 즐거운 시간을 보내지. 그런데 만일 게임을 '지나치게' 사랑한다면 어떤 일들이 일어날까? 게임에 대한 생각으로 온 마음이 가득 차서 지금 해야 할 일들에 소홀해지고 그러

* 저자의 교회에서 매년 여름 진행했던 신앙성장시리즈의 일부로 어린이들의 언어로 풀어낸 1-4계명입니다. 전체 십계명은 119쪽을 참조해주세요.

** 김주련, 『어린이를 위한 신앙낱말사전』(성서유니온, 2020), 16.

다 보면 엄마 아빠에게 잔소리를 듣게 되겠지? 이럴 때 엄마 아빠를 미워하고 원망하는 마음이 생겨날 수도 있어. 또 함께 게임을 하는 친구가 ________보다 게임을 잘하지 못해서 너희 팀이 패배하게 되면 친구를 원망하거나 속상한 마음에 친구에게 실수를 하게 될 수도 있어. 이렇게 우리의 마음에 우상을 만드는 것은 하나님의 마음을 아프게 할 뿐 아니라 주변 사람들에게도 상처를 줄 수 있는 일이야.

한 분의 참 하나님

우리에게는 한 분의 참 하나님이 계셔. 그런데 혹시 ________에게, 또 엄마 아빠에게 다른 하나님, 다른 우상이 있었던 것은 아닐까? 그래서 하나님의 마음을 아프게 하고, 우리 주변 사람들에게 상처를 입혔던 것은 아닐까? 우리 마음에 한 분의 참 하나님이 계시기를, 우리가 그 하나님만 믿고 사랑하고 예배할 수 있기를 전심으로 기도해!

☑ 오늘의 문답을 복습해요

아래 빈칸을 채워 오늘의 문답을 완성해봅니다.

질문 - 하나님이 몇 분 계시지?

대답 - _______분의 참 하나님이 계세요.

☑ 엄마 아빠와 함께 기도해요

하나님, 하나님이 우상숭배를 얼마나 미워하시는지 다시 한번 생각해보았습니다. 단 하나뿐인 아들을 주시기까지 우리를 사랑하신 하나님을 대신해, 우리가 마음에 품고 사랑하고 소중히 여긴 것이 있다면 그것을 내려놓을 수 있도록 도와주세요. 하나님을 온 맘 다해 사랑하지 못하도록 하는 욕심과 유혹을 물리칠 수 있도록 도와주세요. 우리의 온 마음을 다해서 하나님을 사랑할 수 있도록 도와주세요. 예수님의 이름으로 기도합니다, 아멘.

☑ 영어로 읽어보는 교리문답

Question - How many Gods are there?

Answer - There is one true God.

제공된 QR 코드를 사용해 함께 따라 읽어주세요.

교리문답 11-12

질문 **얼마나 많은 위격이 있지?**

대답 **셋이요.**

질문 **누가 그 위격들이지?**

대답 **성부, 성자, 성령이요.**

♥ 양육자 노트

교리가 얼마나 난해하며 우리의 삶과 무관한지에 대한 대표적인 예가 있다면 삼위일체 교리일 것입니다. 사실 삼위일체가 무엇인지를 설명하기 위한 정확한 비유란 존재하지 않고, 그와 같은 과거의 시도들은 오히려 삼위일체 하나님에 대한 오해를 부추겼다고 알려져 있지요. 예로, 물이 온도에 따라 기체와 액체, 고체 상태를 오가는 것에 비유해 삼위일체를 설명한 사람들도 있었고, 장소에 따라 같은 사람이 아버지가 되기도 하고 남편이 되기도 하고 친구가 되기도 하는 것에 비유해 삼위일체를 설명한 사람들도 있었습니다.* 하지만 앞서 언급한 대로 이 둘 모두 삼위일체에 대한 정확한 비유는 될 수 없습니다. 아, 오해하지 마셔요. 삼위일체가 이렇게 다가가기 어려운 교리이며 우리의 삶과 무관하므로 거리를 유지하는 것이 상책이라는 말씀을 드리려는 것이 아니니까요.

사실, 우리가 삼위일체 교리를 완벽히 이해할 수 없는 것은 당연합니다.

* 한 분인데 셋처럼 보일 뿐이라는 주장으로 '양태론'이라고 할 수 있습니다. 이 외에도 한 분이 아니라 세 분의 하나님이 계신다고 주장하는 '삼신론'도 있습니다.

우리의 경험과 상상으로는 '한 분이면서 동시에 세 위격인 존재'가 가능하지 않으니까요. 따라서 저는 이번 장의 목표가 삼위일체 교리에 대한 완벽한 이해가 아님을 분명히 밝히고 싶습니다. 대신 두 가지 목표가 있다면 성경이 가르쳐주는 삼위일체 교리를 아우구스티누스의 목소리를 빌려 일곱 가지 간단한 문장으로 우리 아이들에게 소개하는 것과 기도의 예시를 통해 우리 아이들이 삼위일체를 이미 우리의 일상에 녹아든 친근한 교리로 느끼도록 하는 것입니다. 삼위일체 교리를 완벽히 이해할 수 없다고 해도 우리는 이 교리를 믿음으로 받아들이고 또 감사할 수 있습니다!

☑ 오늘의 문답을 암송해요

오늘의 교리 문답은 두 개입니다. 오늘의 문답을 세 번 정도 반복해 읽어봅니다. (어른 - 얼마나 많은 위격이 있지? 아이 - 셋이요. 어른 - 누가 그 위격들이지? 아이 - 성부, 성자, 성령이요.) 엄마 아빠가 묻고 아이가 대답하는 과정을 통해 오늘의 문답을 암송해봅니다.

☑ 엄마 아빠가 읽어주는 교리문답 해설

예수님의 세례

__________야, 너는 누군가 세례를 받는 장면을 본 적이 있니? (없다면 세례의 장면을 담은 사진이나 그림을 보여주셔도 괜찮습니다.) 예수님도 세례를 받으셨어. 예수님은 강에서 세례를 받으셨는데

예수님이 세례를 받으시고 물 위로 올라오셨을 때 엄청난 장관이 펼쳐졌지. 성자 예수님 위로 성령이 비둘기 같이 내려왔고 또 마치 배경 음악처럼 성부의 목소리가 울려 퍼졌어. 예수님이 세례를 받으시는 장면은 우리가 성부, 성자, 성령 하나님을 동시에 발견하는 진귀한 장면이기도 해. 또 이렇게 하나님이 한 분이시지만 세 위격으로 존재하신다는 성경의 가르침을 '삼위일체'라고 부르는데 삼위일체는 일곱 가지 문장을 통해 설명할 수 있어.

일곱 가지 문장으로 읽어보는 삼위일체*

처음 세 문장을 함께 읽어볼까?

1. 성부는 하나님이세요.
2. 성자는 하나님이세요.
3. 성령은 하나님이세요.

간단하지? 그런데 이런 의문이 들 수 있어. "그렇다면 성부, 성자, 성령 하나님이 한 분이시라는 말이에요?" 다음 세 개의 문장도 함께 읽어보자.

* 필립 캐리, 『하나님에 대한 루머』, 장혜영 옮김(새물결플러스, 2010), 344-345.

4. 성부는 성자가 아니세요.

5. 성자는 성령이 아니세요.

6. 성령은 성부가 아니세요.

음, 이 문장들을 읽고는 이런 의문이 들 수도 있어. "그렇다면 하나님이 세 분이시라는 말인가요?" 이제 마지막 문장을 같이 한 번 읽어보자.

7. 하나님은 한 분이세요.

하나님은 한 분이시면서 동시에 성부, 성자, 성령 세 위격으로 존재하셔. 우리는 이 삼위일체 하나님을 믿는 사람들이야.

우리가 기도할 때

이렇게도 생각해볼까? __________야, 우리가 기도할 때 누구에게 기도를 올려드리지? (시간을 주고 대답을 기다려봅니다.) 맞아, 우리는 성부 하나님께 기도를 드려. 그렇다면 누구의 이름으로 기도를 올려드리지? (역시 대답할 시간을 주고 잠시 기다립니다.) 맞아, 우리는 성자 예수님의 이름으로 기도를 드려. 그리고 성령 하나님은 우리가 기도하기 어려워하는 그 순간 우리 옆에서 우리의 기도를 도와주시지. 우리는 사실 기도할 때마다 이렇게 삼위일체 하나님을 만나는 거야. 참 하나님은 한 분이시지만 그 하나님은 성부와 성자, 성령의 위격으로 우리와 함께 해주셔! 완벽한 사랑과 완벽한 평화 가운데 말이야.

☑ 오늘의 문답을 복습해요

아래 빈칸을 채워 오늘의 문답을 완성해봅니다.

질문 - 얼마나 많은 위격이 있지?

대답 - ________이요.

질문 - 누가 그 위격들이지?

대답 - ________, ________, ________이요.

☑ 엄마 아빠와 함께 기도해요

하나님, 우리는 하나님이 어떠한 분이신지 완벽하게 이해할 수 없지만 그럼에도 불구하고 우리에게 하나님이 어떠한 분이신지를 있는 그대로 알려주셔서 감사합니다. 하나님은 한 분이시지만 성부와 성자, 성령으로 계십니다. 우리가 기도할 때마다 삼위일체 하나님을 만나고 일상에서도 성부 하나님을 믿고 성자 예수님을 따르며 성령 하나님으로 충만한 하루하루를 보낼 수 있도록 도와주세요. 예수님의 이름으로 기도합니다, 아멘!

☑ 영어로 읽어보는 교리문답

Question - How many persons are / in the Godhead?

Answer - Three.

Question - Who are these persons?

Answer - Father, Son, and Holy Spirit.

위격은 영어로 person, 신격은 Godhead라고 합니다. 영어로는 삼위일체 교리를 어떻게 설명할 수 있을까요? 제공된 QR 코드를 따라 함께 읽어주세요.

♥ 양육자 노트

삼위일체 교리를 접한 아이들이 이런 질문을 던질 수 있습니다. “하나님과 예수님이 싸우면 누가 이겨요?” “예수님과 성령님 중에서는 누가 더 높아요?” 삼위일체 교리에 대하여 아이가 보여주는 이 같은 시선이 귀엽고 신선할 수 있지만, 명확한 대답을 하기 어려울 수 있습니다. 웨스트민스터 소요리문답(6문)을 보면, 성부, 성자, 성령 하나님은 같은 본질, 동등한 권능과 영광을 가지십니다. 즉, 세 위격이 모두 동일한 하나님이시고 하나같이 능력이 크시며 동일하게 멋진 분이라는 겁니다. 하지만 이것보다 더 중요한 전제가 있습니다. 성부, 성자, 성령 하나님은 절대로 서로와 다투지 않으신다는 사실입니다. 성부, 성자, 성령 하나님은 언제나 서로를 사랑하시며 서로를 높이시고 한마음과 한뜻으로 자녀 된 우리를 사랑하십니다. 우리에게 얼마나 기쁜 소식인지요!

교리문답 13

질문 **하나님이 어디 계시지?**

대답 **모든 곳에 계세요.**

☑ 오늘의 문답을 암송해요

오늘의 교리문답을 세 번 정도 반복해 읽어봅니다. (어른 - 하나님이 어디 계시지? 아이 - 모든 곳에 계세요.) 엄마 아빠가 묻고 아이가 대답하는 과정을 통해 오늘의 문답을 암송해봅니다.

☑ 엄마 아빠가 읽어주는 교리문답 해설

너의 첫 등교(혹은 등원)

__________야, 그거 아니? 네가 처음 태어났을 때 정말로 너는 아무것도 혼자서 할 수가 없었어. 배가 고프고 잠이 쏟아지고 무언가 불편할 때 네가 할 수 있는 유일한 일은 큰 소리로 우는 것뿐이었어. 엄마와 아빠는 너의 울음소리만으로 네가 무엇이 필요한지를 알아내야 했는데 다행히도 대부분은 알 수 있었어. "아, 지금은 배가 고픈 시간이지. 아하, 응가를 했구나. 그것

도 아니야? 그렇다면 옷이 불편한가 보네." 엄마 아빠는 그렇게 매일매일 너를 알아갔고 사랑했어. 너는 하루하루 빠르게 성장했고 그러면서 혼자서 할 수 있는 일들도 늘어갔지. 기기도 하고 뒤집기도 하고 서기도 하고 걷기도 하고 뛰기도 하고 어느 순간부터는 필요한 것들을 정확히 말로 표현하기도 했어. 얼마나 놀라운 성취의 순간들이었는지! 그렇게 크고 작은 성취의 순간 중에서도 가장 인상적인 장면은 네가 처음으로 학교(혹은 어린이집)에 등교(혹은 등원)한 날이야.

엄마 아빠가 함께할 수 없는 곳

네가 태어나고 지금까지 엄마 아빠의 시야와 보호 안에서만 있다가 학교(혹은 어린이집)라는 새로운 공동체에 너 홀로 발을 디디는 모습은 엄마 아빠의 마음을 울컥하게 했어. 더 이상은 너의 모든 소소한 일상에 간섭할 수도, 어려운 일이 생겼을 때 도와줄 수도 없다는 뜻이었으니까. 당연한 일인데도 순간 마음이 덜컹하더라고. 그때 엄마 아빠에게 큰 위로가 된 하나님의 말씀이 있는데 같이 한번 읽어볼까? "내가 산을 향하여 눈을 들리라. 나의 도움이 어디서 올꼬. 나의 도움이 천지를 지으신 여호와에게서로다. 여호와께서 너로 실족지 않게 하시며 너를 지키시는 자가 졸지 아니하시리로다. 이스라엘을 지키시는 자는 졸지도 아니하고 주무시지도 아니하시리로다. 여호와는 너를 지키시는 자라.

여호와께서 네 우편에서 네 그늘이 되시나니"(시 121:1-5).

어디서든 너와 함께 계시는 하나님

네가 학교에 있을 때 엄마 아빠는 너와 함께 있을 수 없지만, 하나님은 어디서나 너와 함께 계셔. 네가 교실에서 수업을 들을 때도, 운동장에서 체육 수업에 참여할 때도, 놀이터에서 친구들과 놀고 있을 때도, 엄마 아빠가 너와 함께 할 수 없는 모든 순간, 모든 장소에서 하나님은 너와 함께 계셔. 하나님이 너를 도와주시고 네가 넘어지지 않게 하시고 너의 피할 곳이 되어주시지. 너를 학교(혹은 어린이집)에 처음 보내면서 엄마 아빠가 여러 번 되뇐 이 말씀이 네가 앞으로 홀로 있다고 느끼는 모든 순간 너에게도 큰 힘이 되어줄 거야. ________야, 하나님은 어디에 계시지? (대답을 기다려봅니다.) 그래, 하나님은 모든 곳에 계셔!

☑ 오늘의 문답을 복습해요

아래 빈칸을 채워 오늘의 문답을 완성해봅니다.

질문 - 하나님이 어디 계시지?
대답 - ________ ________에 계세요.

☑ 엄마 아빠와 함께 기도해요

하나님, 우리가 어디에 있든지, 그곳에 하나님이 함께 계시다니 너무나도 든든하고 행복합니다. 외롭다는 생각, 힘들다는 생각이 들 때 하나님이 우리와 함께 계신 사실을 잊지 않고 희망을 품고 힘을 얻을 수 있도록 도와주세요. 더불어 우리가 어디에 있든지 하나님이 그곳에 계신다는 사실을 잊지 않고 그곳에서 하나님을 예배할 수 있도록 도와주세요. 예수님의 이름으로 기도합니다, 아멘.

☑ 영어로 읽어보는 교리문답

Question – Where is God?

Answer – He is everywhere.

간단한 문장이지요? 제공된 QR 코드를 사용해 함께 따라 읽어보세요.

교리문답 14

질문 **하나님은 언제부터 계셨지?**

대답 **항상 계셨어요.**

☑ 오늘의 문답을 암송해요

오늘의 문답을 세 번 정도 반복해 읽어봅니다. (어른 - 하나님은 언제부터 계셨지? 아이 - 항상 계셨어요.) 엄마 아빠가 묻고 아이가 대답하는 과정을 통해 오늘의 교리문답을 암송해봅니다.

☑ 엄마 아빠가 읽어주는 교리문답 해설

생일 축하해

우리가 매년 맞이하는 기쁘고 행복한 날들이 있어. 학교를 가지 않아도 되는 방학이 그렇고, 오랫동안 만나지 못한 친척들을 만나는 명절이 그렇고, 교회에서 큰 행사가 열리는 부활절이나 성탄절도 그래. 하지만 다른 어떤 날보다 우리에게 특별히 소중하고 행복한 날이 있는데 무슨 날일까? (아이의 대답을 들어봅니다. 원하는 대답이 나오지 않을 수도 있지만 괜찮습니다.) 그래, 맞아, 생일이야. 생일은 내가 이 세상에 태어난 것을 축하하는 나만의 기념일이기 때문에 나에게 특별히 소중하고 행복한 날이야. 엄마 아빠와 가족의 축하도 받고 친구들의 축하도 받지. 엄마가 어렸을 때는 학년이 바뀌어 새 친구들을 만나게 되면 이름 다음으로 생일을 물어보곤 했어. 친구라면 서로의 생일은 꼭 알고 축하해야 한다고 생각했거든. 생일은 그만큼 중요한 날이야.

하나님의 생일은 언제일까?

그렇다면 하나님의 생일은 언제일까?* (생각할 시간을 주고 대답을 기다려봅니다.) 조금 헷갈리는 질문이지? 사실, 하나님이 태어나신 날을 한 번도 들어보지 못한 것 같거든. 맞아, 하나님께는 생일이 없어. 하나님은 태어나신 적이 없거든. 대신, 하나님은 항상 계셨어. 항상 계시면서 이 세상에 존재하는 모든 것을 창조하신 분이 바로 하나님이셔. 그러니까 하나님은 이 세상에서 창조되지 않은, 생일이 없는 유일한 분이야.

* '하나님의 생일'이라는 표현이 아이들에게는 생소할 수 있고 혹 예수님이 이 땅에 태어나신 성탄절(12월 25일)을 떠올리는 친구들이 있을 수 있습니다. 만일 그런 친구가 있다면 예수님이 아주 작은 아기 예수로 말구유에 태어나시기 전에도 이미 성자 하나님으로 존재하고 계셨다고 이야기해주세요(요 1:1-3).

창조되지 않은 유일한 분

창조되지 않은 유일한 분이라니, 우리 하나님은 정말로 얼마나 멋진 분이실까? 한 분이면서 동시에 세 위격인 성부, 성자, 성령 하나님은 이 세상 모든 것이 창조되기 전부터 계시며 서로를 온전히 사랑하셨고 서로와 완벽한 우정을 나누셨어. 그리고 정하신 때 성부, 성자, 성령 하나님 가운에 있는 온전하고 완벽한 사랑을 나누어 주시기 위해 우리를 창조하신 거야. 유일하게 창조되지 않으신 하나님을 온 맘 다해 사랑하고 예배하는 ________와 엄마 아빠가 되기를 기도해!

☑ 오늘의 문답을 복습해요

아래 빈칸을 채워 오늘의 문답을 완성해봅니다.

질문 - 하나님은 언제부터 계셨지?
대답 - ________ 계셨어요.

☑ 엄마 아빠와 함께 기도해요

하나님, 하나님이 어떠한 분이신지를 알게 해주셔서 감사합니다. 하나님은 항상 계셨고 이 세상 모든 것을 창조하셨습니다. 창조된 것들을 예배하지 않고, 항상 계셔서 이 세상에 존재하는 모든 것을 창조하신 하나님만을 사랑하고 예배하는 __________와 엄마가 되게 해주세요. 예수님의 이름으로 기도합니다, 아멘.

☑ 영어로 읽어보는 교리문답

Question – How long has God existed?

Answer – He has always been.

제공된 QR 코드를 따라 함께 읽어봅니다.

☑ 이번 장을 마무리해요

하나님은 우리의 지식과 지혜로는 온전히 이해할 수 없는 존재이지만 그럼에도 불구하고 우리에게 자신이 어떠한 분인지를 있는 그대로 말씀해주십니다. 성부, 성자, 성령으로 존재하시는 한 분의 참 하나님은 어디에나 계시고 언제나 계셨습니다. 그리고 우리는 그분의 사랑을 받는 고귀한 자녀들입니다. 아래의 빈칸을 다시 한번 채워가며 세 번째 장을 복습해봅니다.

질문 - 하나님이 몇 분 계시지?

대답 - ________ 분의 참 하나님이 계세요.

질문 - 얼마나 많은 위격이 있지?

대답 - ________이요.

질문 - 누가 그 위격들이지?

대답 - ________, ________, ________ 이요.

질문 - 하나님이 어디 계시지?

대답 - ________ ________에 계세요.

질문 - 하나님은 언제부터 계셨지?

대답 - ________ 계셨어요.

정답: 한, 셋, 성부, 성자, 성령, 모든, 곳, 항상

4

사람을 만드셨어요

교리문답 15

질문 **사람은 어떻게 특별하지?**

대답 **하나님의 형상대로 태어났어요.**

☑ 오늘의 문답을 암송해요

오늘의 질문과 대답을 세 번 정도 반복해 읽어봅니다. (어른 - 사람은 어떻게 특별하지? 아이 - 하나님의 형상대로 태어났어요.) 엄마 아빠가 묻고 아이가 대답하는 과정을 통해 오늘의 교리문답을 암송해봅니다.

☑ 엄마 아빠가 읽어주는 교리문답 해설

붕어빵 아들(혹은 딸)

__________야, 너는 누구를 닮았지? (엄마 아빠 중 한 사람을 닮았을 수도 있고 할머니 할아버지 혹은 삼촌 이모 등을 닮았을 수도 있습니다. 아이의 솔직한 대답을 기다려봅니다.) 그래, 맞아, 너는 엄마의 눈을 쏙 빼닮았어. 아빠를 닮은 부분도 많지만 눈 때문인지 전체적인 인상은 엄마를 닮은 것 같아. 하지만 밝고 명랑한 성격은 아빠를

닮은 게 분명해. 네가 엄마 배 속에 있을 때 엄마가 기도했거든. 하나님, 우리 ________가 엄마 아빠의 좋은 부분만 닮게 해주세요. 네가 태어나 이만큼 크고 생각해보니 하나님이 그 기도를 들어주신 것 같아. 엄마는 이렇게 예쁜 아이를 주신 하나님께 너무너무 감사해.

하나님을 닮았다고요?

성경은 우리가 하나님을 닮았다고 이야기해. 창세기의 말씀을 같이 한번 읽어볼까? "하나님이 자기 형상 곧 하나님의 형상대로 사람을 창조하시되"(창 1:27). 우리가 하나님의 모습대로 창조되었다는 말인데, 우리의 눈코입이 하나님을 닮았다는 뜻일까? 우리의 키와 몸집이? 아니면 우리의 성격이? 하나님은 영(Spirit)이시기 때문에* 우리의 겉모습이 하나님을 닮았다는 뜻은 아닐 거야. 대신 우리에게 하나님을 닮은 특징들이 있다는 뜻이지. 예를 들어 우리는 모르는 것에 대한 호기심이 있고 무언가를 배워갈 수 있어. 또 이 세상에서 일어나는 나쁘고 끔찍한 일을 볼 땐 마음이 아파. 세상의 잘못된 것들을 바로잡고 세상을 더 행복한 곳으로 만들고 싶어지지. 반대로 착하고 아름다운 일을 볼 때면 마음이 따뜻해져. 바로 이런 것들이 하나님을 닮은 특징이야.

* 요 4:24.

그렇게 말하기 쑥스러워요!

하지만 엄마는 "저는 하나님을 꼭 닮은 사람이에요"라고 이야기하기가 사실 많이 부끄러워. 엄마는 다른 사람들보다 나 자신을 먼저 생각할 때가 많고, 가끔 거짓말을 하기도 하고, 도움이 필요한 사람을 못 본 척 외면할 때도 있어. 그런 엄마의 모습을 아는 사람들이 이 말을 듣는다면 하나님에 대해 실망하거나 하나님을 안 좋게 생각할지도 몰라. 이건 정말 큰 문제야. 그리고 우리 모두의 문제이기도 하지. 하나님은 우리를 하나님의 형상대로 지어주셨는데 우리가 그 형상을 잃어버렸으니 말이야. 하지만 기쁜 소식이 있어. 그 문제를 해결해주시기 위해 하나님을 완벽히 꼭 닮은 구원자가 우리에게 오셨다는 소식이야. 그분을 통해 우리는 잃어버린 형상을 온전히 회복하게 되지! 이 구원자는 누구일까? 문답을 계속 공부하면 알게 될 거야.

☑ 오늘의 문답을 복습해요

아래 빈칸을 채워 오늘의 문답을 완성해봅니다.

질문 - 사람은 어떻게 특별하지?

대답 - ___________의 _________ 대로 태어났어요.

☑ 엄마 아빠와 함께 기도해요

하나님, 우리 안에 있는 좋은 것들이 다 하나님으로부터 왔네요. 사랑하는 ________의 왕성한 호기심, 착한 성품, 성실한 태도 (아이의 장점을 언급해주세요)가 하나님을 닮은 것이라니 하나님께 감사와 찬양을 드립니다. 하지만 우리 안에는 부끄러운 것들도 많이 있습니다. 우리의 이기심과 거짓, 욕심이 그렇습니다. 하나님, 우리의 힘으로는 이것들을 밀어낼 수 없습니다. 우리를 도와주세요. 우리에게 주셨던 하나님의 형상을 매일매일 회복시켜주세요. 예수님의 이름으로 기도합니다, 아멘.

☑ 영어로 읽어보는 교리문답

Question – How is man unique?

Answer – He bears God's image.

'Bear'는 곰으로 많이 알려진 단어이지만 동사로 사용될 경우 '무엇을 가지다, 품다'의 의미로 사용될 수 있습니다. 제공된 QR 코드를 따라 함께 읽어보세요.

교리문답 16-17

질문 **누가 첫 사람이지?**

대답 **아담이요.**

질문 **아담이 창조되었을 때는 어땠지?**

대답 **좋았어요.**

☑ 오늘의 문답을 암송해요

오늘의 문답은 두 개입니다. 오늘의 문답을 세 번 정도 반복해 읽어보세요. (어른 - 누가 첫 사람이지? 아이 - 아담이요. 어른 - 아담이 창조되었을 때는 어땠지? 아이 - 좋았어요.) 엄마 아빠가 묻고 아이가 대답하는 과정을 통해 오늘의 교리문답을 암송해봅니다.

☑ 엄마 아빠가 읽어주는 교리문답 해설

첫 번째 사람

__________야, 아빠의 아빠를 뭐라고 부르지? (대답을 기다려봅니다.) 맞아, 할아버지라고 불러. 그렇다면 할아버지의 아빠(아버지)는 뭐라고 부를까? (대답을 기다려봅니다.) 맞아, 증조할아버지라고

불러. 그렇다면 증조할아버지의 아빠(아버지)는? (대답을 기다려봅니다.) 그래, 고조할아버지라고 해. 이렇게 우리 아버지의 아버지의 아버지를 찾아 올라가다 보면 언젠가 첫 번째 사람을 만나게 될 거야. 그 사람이 누구일까? (대답을 기다려봅니다.) 그래, 맞아, 바로 아담이야. 아담은 하나님이 창조하신 첫 번째 사람이고, 우리 모두는 바로 그 아담으로부터 왔어. 그런 의미에서 우리 모두는 아담의 자손이라고 볼 수 있지.

He was good!

성경은 하나님이 매일의 창조를 마치시고 그 창조물을 바라보시며 이렇게 감탄하셨다고 이야기해. "참 좋다." 아담을 지으신 후에도 하나님은 그렇게 말씀하셨어. "참 좋다." 사실 그 어떤 창조물보다 하나님이 보실 때 아담은 훨씬 더 좋았을 거야. 왜냐하면 아담은 하나님의 모습을 꼭 닮았었으니까. 다른 동물들과 달리 아담은 생각도 하고, 다양한 감정도 느끼고, 자신이 원하는 것을 선택할 수도 있었어. 아담은 하나님처럼 죄를 미워하고 거룩할 수도, 주어진 사람들을 사랑할 수도, 나를 아프게 한 사람을 용서할 수도, 거짓말을 하지 않고 정직할 수도, 약속을 소중하게 여기고 꼭 지킬 수도 있었어. 그렇게 하나님은 첫 번째 사람, 아담을 정말로 특별하게 만드셨어.

그에게 주어진 책임

이 특별한 아담에게 하나님은 자신이 지으신 모든 창조물을 다스릴 통치권을 건네주셨지.* 그 결과 하나님을 대신해 첫 번째 사람 아담이 이 세상의 모든 동식물을 다스리게 된 거야. 만일 엄마 아빠가 급한 일이 생겨 잠시 집을 비워야 한다면 엄마 아빠는 네가 혼자서 집에 있을 수 있을지 염려할 거야. 만일 너에게 어린 동생이 있다면 더 그렇겠지. 네가 아직은 어리기 때문에 집에 혼자 둘 수 없다면 할머니나 베이비시터를 집에 모신 후에 집을 비울 테고, 만일 혼자서도 충분히 집을 지키고 어린 동생을 보살필 수 있다면 엄마 아빠는 너에게 모든 책임을 맡기고 잠시 집을 비울 거야. 엄마 아빠를 대신해 집을 지키고 어린 동생을 보살피다니, 막중한 책임이야. 그런데 아담은 훨씬 더 큰 책임을 맡게 되었어. 하나님을 대신해 온 세상의 동식물을 다스리고 돌보는 책임이라니. 아담은 이 책임을 어떻게 감당했을까? 그 답은 다음 시간에 들려줄게!

☑ 오늘의 문답을 복습해요

아래 빈칸을 채워 오늘의 문답을 완성해봅니다.

* 창 1:28.

질문 - 누가 첫 사람이지?

대답 - ________이요.

질문 - 아담이 창조되었을 때는 어땠지?

대답 - ______________.

☑ 엄마 아빠와 함께 기도해요

하나님, 첫 번째 사람 아담을 통해 우리를 향한 하나님의 계획을 보여주셔서 감사합니다. 하나님은 손수 지으신 이 세상을 사랑으로 다스리고 돌볼 책임을 우리에게 맡겨주셨습니다. 우리가 하나님이 허락해주신 모든 사람과 동식물, 그리고 이 세상의 모든 창조물을 사랑하며 아끼고 소중히 여겨 잘 돌볼 수 있도록 도와주세요. 예수님의 이름으로 기도합니다, 아멘.

☑ 영어로 읽어보는 교리문답

Question - Who was the first man?

Answer - Adam.

Question - What was Adam like / at creation?

Answer - He was good.

'Like'는 '좋아하다'라는 뜻의 동사로 많이 알려져 있지만 '~와 같은'이라는 뜻의 전치사로도 많이 쓰입니다. "What was Adam like?"는 "아담은 무엇과 같았나요?" "아담은 어땠나요?"로 해석할 수 있습니다. 제공된 QR 코드를 따라 함께 읽어주세요.

☑ 이번 장을 마무리해요

비교적 짧은 장이었지만 우리가 얼마나 특별한 존재인지를 잘 보여주는 문답들을 담고 있어요. 사실 우리가 왜 특별한지는 다시 한번 언급할 필요가 있는데, 그것은 우리가 다른 누구보다 잘났기 때문이 아니라 하나님의 형상대로 지음 받았기 때문입니다. 이것은 이 세상이 추구하도록 강요하는 삶의 우선순위를 무력화하는 사실이에요. 우리는 정말로 우리 자신을 다른 사람과 비교할 필요가 없어요. 하나님이 첫 사람으로 지으신 아담은 좋았고, 이제 우리는 다음 이어지는 문답들을 통해 이런 그에게, 또 그를 통해 우리에게 어떠한 일이 일어났는지를 알아보게 됩니다. 아래의 빈칸을 다시 한번 채워가며 이제까지 암송한 문답을 복습해보세요.

질문 - 사람은 어떻게 특별하지?

대답 - __________의 __________ 대로 태어났어요.

질문 - 누가 첫 사람이지?

대답 - __________이요.

질문 - 아담이 창조되었을 때는 어땠지?

대답 - ____________________.

정답: 하나님, 형상, 아담, 좋았어요

II. 사람은 어떤 존재인가요?

1

죄를 좋아해요

교리문답 18

질문 **아담이 좋은 상태로 남아 있었니?**

대답 **아니요, 죄를 지었어요.**

☑ 오늘의 문답을 암송해요

오늘의 질문과 대답을 세 번 정도 반복해 읽어봅니다. (어른 - 아담이 좋은 상태로 남아 있었니? 아이 - 아니요, 죄를 지었어요.) 엄마 아빠가 묻고 아이가 대답하는 과정을 통해 오늘의 교리문답을 암송해봅니다.

☑ 엄마 아빠가 읽어주는 교리문답 해설

엄마 아빠의 당부

__________가 꿈꾸는 하루는 어떤 모습일까? 평소에는 엄마가 절제하라고 잔소리하는 스낵을 맘껏 먹으며, 마찬가지로 평소라면 정해진 시간만 볼 수 있는 만화를 보고 싶은 만큼 맘껏 보면서 (혹은 게임을 맘껏 하면서) 엄마 아빠의 간섭 없이 자유롭게 하루를 보내는 것이 아닐까? 어느 날, 엄마 아빠가 집을 비

우면서 ________에게 이렇게 말한다면 너는 기분이 어떨까? "________야, 오늘 하루만큼은 너의 날이야. 엄마 아빠가 냉장고와 팬트리에 네가 좋아하는 간식들을 가득 넣어놨어. 맘껏 먹어. 그리고 오늘은 네가 좋아하는 만화를 실컷 봐도 좋아." 분명 신나고 설레는 기분이 들 거야. 그런데 한 가지 당부를 덧붙였다고 해보자. "대신, 누가 와도 함부로 문을 열어줘서는 안 돼. 엄마 아빠가 집에 없기 때문에 위험할 수 있어. 그러니 절대 아무에게도 문을 열어줘서는 안 돼." 이런 당부가 부당하다고 시위를 하는 아이는 아마 없을 거야. 왜냐하면 엄마 아빠의 이 같은 당부는 아이를 사랑하고 보호하기 위한 것이기 때문이지.

하나님의 당부

에덴동산에서 첫 번째 사람인 아담을 만드시고 하나님은 그 아담에게 동산의 모든 것을 건네주셨어. 에덴동산은 우리가 상상할 수도 없을 만큼 좋고 예쁜 것들로 꽉꽉 채워져 있었을 텐데 그 모든 것을 아낌없이 주신 거야. ________가 엄마 아빠에게 소중하고 사랑스러워 무엇을 주어도 아깝지 않은 것처럼 아담도 하나님에게 그런 존재였던 것 같아. 그래서 아담은 동산에서 나는 모든 나무 열매를 맘껏 먹을 수 있었고 동산에 사는 모든 동물과 허물없는 친구가 될 수 있었어. 하루하루가 얼마나 행복하고 즐거웠을까? 그런데 그 아담에게도 한 가지 당부가 주어졌어.

"아담, 동산 한가운데 있는 나무는 절대 건드려선 안 돼. 그 나무의 열매를 먹는 날에는 죽게 될 거야. 그러니 그 나무는 절대, 어떠한 일이 있어도 건드려선 안 돼."

고장 난 우리 마음*

안타깝게도 아담은 하나님의 당부를 무시했고 하나님이 만지지도 말라고 말씀하신 나무의 열매를 아내 하와와 함께 먹어버렸어. 하나님은 아담이 하나님의 당부를 지켜 동산에서 영원히 행복하게 살기를 바라셨지만 아담은 하나님의 명령을 어기고 자신과 우리 모두를 큰 위험에 빠뜨린 거야. 이 사건으로 우리 모두의 마음이 고장 나 버렸어. 이제 우리에게는 착한 일보다 나쁜 일이 더 쉽고, 착한 일을 한다고 해도 착한 마음과 뜻을 가지고 그렇게 하지는 못하게 되었다는 뜻이야.** 에휴, 정말로 안타까운 일이야.

☑ 오늘의 문답을 복습해요

아래 빈칸을 채워 오늘의 문답을 완성해봅니다.

* 전적 타락.

** Kevin DeYoung, *The Good News We Almost Forgot: Rediscovering the Gospel in a 16th Century Catechism* (Chicago, Il: Moody Publishers, 2010), 30.

질문 – 아담이 좋은 상태로 남아 있었니?

대답 – _________, _________를 지었어요.

☑ 엄마 아빠와 함께 기도해요

하나님, 첫 번째 사람 아담이 하나님의 당부를 어기고 죄를 지어 자신과 우리 모두를 위험에 빠뜨린 것을 배웠습니다. 우리도 하나님의 당부를 어기고 죄를 지을 때가 많이 있습니다. 우리의 마음이 고장 났기 때문입니다. 하나님, 우리의 마음을 고쳐주세요. 예수님의 이름으로 기도합니다, 아멘.

☑ 영어로 읽어보는 교리문답

Question – Did Adam remain good?

Answer – No, he sinned.

제공된 QR 코드를 따라 함께 읽어보세요.

교리문답 19

질문 **죄가 뭐야?**

대답 **하나님의 법에 순종하지 않는 거예요.**

☑ 오늘의 문답을 암송해요

오늘의 질문과 대답을 세 번 정도 반복해 읽어봅니다. (어른 - 죄가 뭐야? 아이 - 하나님의 법에 순종하지 않는 거예요.) 엄마 아빠가 묻고 아이가 대답하는 과정을 통해 오늘의 교리문답을 암송해봅니다.

☑ 엄마 아빠가 읽어주는 교리문답 해설

학교와 사회의 규칙

네가 다니는 학교에서 꼭 지켜야만 하는 규칙들이 뭐가 있을까? (아이의 대답을 들어봅니다.) 예를 들어 친구를 때리거나 학교 물건을 부수는 일은 절대 해서는 안 되는 행동일 거야. 만일 이러한 규칙을 어기고 친구를 때려 다치게 한다거나 학교 물건을 일부러 망가뜨린다면 큰 벌을 받을 수도 있어. 학교를 벗어난 사회에서도 마찬가지야. 사회에서도 꼭 지켜야만 하는 규칙들이 있어. 다른 사람의 물건을 훔치거나 술을 먹고 운전을 한다거나 다른 사람을 고의로 다치게 하는 일은 심각한 범죄이고 범죄를 저지른 사람은 재판을 받고 감옥에 갈 수 있어.

하나님 나라의 규칙

하나님 나라에서도 꼭 지켜야 하는 규칙이 있어. 그 규칙들을 열 가지로 요약해놓은 것을 우리는 십계명이라고 부르지. 혹시 십계명 중 기억나는 계명이 있니? (아이의 대답을 들어봅니다. 기억하지 못해도 괜찮습니다. 십계명을 알고 있는 것만으로도 충분합니다.) 이렇게 하나님도 하나님 나라에서 우리가 꼭 지켜야 할 규칙들을 정하셨는데 그것을 지키지 않는 것이 바로 '죄'야. 그런데 학교나 사회에서 지켜야 하는 규칙들보다 하나님 나라에서 지켜야 하는 규칙들이 사실은 훨씬 더 어려워. 왜냐하면 하나님은 우리의 마음을 보시거든. 예를 들어볼까? 학교나 사회에서는 다른 사람을 미워해도 그걸 죄라고 하지는 않아. 미워한다고 감옥에 가지도 않지. 하지만 하나님 나라에서는 어떨까? (아이의 대답을 들어봅니다.) 맞아, 하나님 나라에서는 다른 사람을 미워하는 것도 죄야. 왜냐하면 우리가 미워하는 그 사람도 하나님이 만드시고 사랑하시는 사람이거든.

♥ 양육자 노트

어린이들의 언어로 풀어낸 십계명은 아래를 참조해주세요.

1. 하나님만 믿어요.
2. 하나님께만 예배드려요.
3. 하나님의 이름을 거룩히 말해요.
4. 주일에는 예배를 드려요.
5. 아빠와 엄마에게 순종해요.
6. 다른 사람을 아프게 하지 않아요.
7. 예쁜 사랑을 해요.
8. 다른 사람의 것을 훔치지 않아요.
9. 거짓말을 안 해요.
10. 내가 가진 것에 감사해요.

고장 난 마음

어떤 사람은 죄를 구부러지고 뒤틀린 마음*이라고 했는데 정말로 맞는 말이야. 우리의 마음은 온통 구부러지고 뒤틀어져서 쉽게 잘못된 생각을 하고 잘못된 행동을 해. 엄마 아빠의 말씀을 잘 듣지 않는 것, 나의 물건을 친구들과 나눠 쓰려고 하지 않는 것, 형제자매를 질투하고 때로는 미워하는 것, 숙제는 하지 않고 게임만 하려고 하는 것, 경기에서 지고도 분해서 패배를 인정하지 않는 것, 모두 우리 마음이 죄로 고장 나 있다는 증거들이지.

* 김주련, 『어린이를 위한 신앙낱말사전』, 18.

하나님과 이웃을 사랑하라는 하나님 나라의 법을 우리는 매 순간 어기고 있는 거야. 그리고 그것이 바로 죄야.

☑ 오늘의 문답을 복습해요

아래 빈칸을 채워 오늘의 문답을 완성해봅니다.

질문 - 죄가 뭐야?
대답 - 하나님의 ________에 ________하지 않는 거예요.

☑ 엄마 아빠와 함께 기도해요

하나님, 우리의 마음이 죄로 고장 나 있다는 사실을 배웠습니다. 마음이 죄로 고장 나서 우리는 쉽게 잘못된 생각을 하고 잘못된 행동을 합니다. 어떻게 하면 하나님이 정하신 규칙들을 잘 지키고, 하나님과 이웃을 사랑하며 살 수 있을까요. 엄마 아빠와 함께 교리를 공부할 때 귀를 쫑긋 세우고 잘 들을 수 있도록 도와주세요! 예수님의 이름으로 기도합니다, 아멘.

☑ 영어로 읽어보는 교리문답

Question - What is sin?

Answer - Disobedience to God's law.

제공된 QR 코드를 따라 함께 읽어보세요.

교리문답 20

질문 **죄를 지으면 무슨 벌을 받지?**

대답 **죽음이요.**

☑ 오늘의 문답을 암송해요

오늘의 질문과 대답을 세 번 정도 반복해 읽어봅니다. (어른 – 죄를 지으면 무슨 벌을 받지? 아이 – 죽음이요.) 엄마 아빠가 묻고 아이가 대답하는 과정을 통해 오늘의 교리문답을 암송해봅니다.

☑ 엄마 아빠가 읽어주는 교리문답 해설

모든 것을 다 넘어가 주는 부모?

네가 어떤 잘못을 해도, 엄마 아빠가 아무 벌도 내리지 않고 그냥 다 넘어가 준다면 어떨까? 처음에는 신이 날 거야. 어떤 잘못을 해도 벌을 받을 필요가 없다니 말이야. 그런데 매일같이 늦잠을 자고 학교에 늦어도, 밥 대신 과자만 먹어도, 숙제는 하지 않고 게임만 해도, 거짓말을 하고 학원에 가지 않아도, 엄마나 아빠 지갑에서 몰래 돈을 훔쳐 가도, 친구를 때리고 다녀도 엄마 아빠가 아무 말도 하지 않는다면 어떤 마음이 들까? (아이의 대답을 기다려봅니다.) 점점 불안해질 거야. 나중에는 이런 생각이 들 수도 있어. '엄마 아빠가 나에게 관심이 없는 건 아닐까?' '엄마 아빠가 더 이상 나를 사랑하지 않는 건 아닐까?'

화내시는 하나님, 벌주시는 하나님

우리가 잘못을 저지르면 하나님은 우리에게 화를 내시고 벌을 주셔. 하나님이 우리에게 화를 내시고 벌을 주신다는 사실에 실망하고 도리어 하나님께 화를 내는 사람들도 있지만 하나님이 우리에게 그렇게 하시는 것은 사실 너무나도 당연한 거야. 하나님이 우리의 잘못을 그냥 넘어가지 않으시고 우리에게 화를 내시고 벌을 주시는 이유는 우리를 사랑하시고 우리가 잘되기를 바라시기 때문이지. 만일 우리가 매일같이 하나님이 정하신 규칙들을 무시하고 엉망으로 살고 있는데도 하나님이 우리를 그냥 내버려 두신다면 그것이 더 슬프고 안타까운 일일 거야.

하나님이 주시는 벌

하나님은 죄를 지은 사람에게 어떤 벌을 주시지? (대답을 기다려봅니다.) 그래, 맞아, 죽음을 주셔. 죽는다는 것은 언젠가는 우리가 사랑하는 사람들과 헤어져 이 세상을 떠난다는 말이기도 하고 그 이후에는 영원히 하나님과 함께 할 수 없다는 뜻이기도 해.

죽음은 무겁고 슬픈 말이야. 하지만 우리가 이 세상에서 하나님께 한 잘못들이 죽음보다 훨씬 더 무겁고 슬픈 것들이지. 그래서 하나님이 우리에게 벌을 주실 때 억울하다고 말할 수 있는 사람은 아무도 없어.

☑ 오늘의 문답을 복습해요

아래 빈칸을 채워 오늘의 문답을 완성해봅니다.

질문 - 죄를 지으면 무슨 벌을 받지?

대답 - __________이요.

☑ 엄마 아빠와 함께 기도해요

하나님, 우리가 잘못을 저지를 때 하나님은 슬퍼하시고 큰 슬픔 가운데 우리에게 화를 내시고 벌을 주십니다. 엄마 아빠가 우리에게 화를 내시고 벌을 주실 때 얼른 "잘못했습니다" 하고 잘못을 인정하고 용서를 구해야 하는 것처럼, 하나님께서 우리에게 화내시고 벌주실 때도 그렇게 해야 한다는 사실을 다시 한 번 생각합니다. 하나님, 우리의 잘못을 용서해주시고 사랑하는 __________와 엄마 아빠가 하나님께 벌 받지 않고 칭찬을 듣는 사람들이 될 수 있도록 도와주세요. 예수님의 이름으로 기도합니다, 아멘.

☑ 영어로 읽어보는 교리문답

Question - What is the penalty for sin?

Answer - Death.

제공된 QR 코드를 따라 함께 읽어보세요.

교리문답 21

질문 **아담의 죄 때문에 어떻게 됐지?**

대답 **모든 사람이 죽게 됐어요.**

☑ 오늘의 문답을 암송해요

오늘의 질문과 대답을 세 번 정도 반복해 읽어봅니다. (어른 - 아담의 죄 때문에 어떻게 됐지? 아이 - 모든 사람이 죽게 됐어요.) 엄마 아빠가 묻고 아이가 대답하는 과정을 통해 오늘의 교리문답을 암송해봅니다.

☑ 엄마 아빠가 읽어주는 교리문답 해설

저는 안 떠들었는데요

얼마 전 교회에서 어와나*를 하고 있었을 때의 일이야. 예배를 마친 후 반별 모임을 잘하고 있는지 둘러보는데 한 교실이 너무

* '어와나'는 성경 말씀을 암송하는 프로그램입니다. 저자가 교육 디렉터로 섬겼던 교회에서는 매주 금요일 저녁 '어와나'를 진행했는데 특별히 초등학교 이하 아이들에게 아주 유익한 프로그램입니다.

너무 소란스러운 거야. 엄마가 소리를 지르고 있는 아이들 세 명을 복도로 불러냈어. 혼을 내려는 게 아니라 진정을 시켜 다시 교실로 들여보내려고 그랬던 건데 한 아이가 복도로 불려 나오자마자 두 손을 하늘 위로 번쩍 들며 말했어. "전도사님, 저는 안 떠들었는데요." 엄마는 아이의 그런 반응이 너무 귀엽다고 생각했지만 아이는 세상 진지했어. 얼굴에는 "전 억울해요"라는 단어가 크게 적혀 있었지. 억울하다는 마음은 나에게는 아무 잘못이 없는데 혼이 나거나 벌을 받아서 속이 상하고 화가 나는 마음이야.*

아담의 죄

에덴동산에서 아담은 하나님의 당부를 무시하고 하나님이 먹지 말라고 하신 나무의 열매를 아내 하와와 함께 먹고 말았어. 하나님이 이 열매를 먹으면 어떤 일이 벌어질지도 미리 알려주셨는데 말이야. 어쨌든 아담과 하와는 하나님의 첫 번째 당부에 불순종하는 것으로 벌을 받게 되었고 그 벌은 바로 죽음이었어. 물론 열매를 먹고 바로 죽은 것은 아니야. 대신 에덴동산에서 쫓겨나게 되었고 이후에는 먹고살기 위해 평생 수고하다가 노인이 되어 죽게 되었지. 지금 우리들처럼 말이야.

* 박성우, 『아홉 살 마음사전』, 105.

저는 안 먹었는데요?

정말로 안타까운 일이기는 하지만 아담이 하나님의 말씀을 듣지 않아서 벌을 받게 된 것은 이해할 수 있어. 그런데 아담의 죄 때문에 모든 사람이 죽게 되었다는 이야기는 솔직히 조금 억울하기도 해. '아담의 잘못 때문에 내가 벌을 받아야 한다고? 이건 친구들이 떠들었는데 전도사님이 나를 교실 밖으로 불러내신 일보다 더 억울하잖아'라고 생각할 수 있지. 하지만 우리는 "억울해요"라고 심통을 부리기 전에 우리 자신을 한 번 돌아봐야 해. 아담처럼 우리도 하나님의 당부를 무시하고 하나님의 말씀에 불순종한 적은 없는지, 정말로 우리에게는 아무런 잘못이 없는지, 하나님의 벌은 정말로 부당한 건지 말이야. 사실 우리도 아담과 같은 죄인인걸.

☑ 오늘의 문답을 복습해요

아래 빈칸을 채워 오늘의 문답을 완성해봅니다.

질문 - 아담의 죄 때문에 어떻게 됐지?
대답 - ________ 사람이 ________ 됐어요.

☑ 엄마 아빠와 함께 기도해요

하나님, 아담의 죄로 우리 모두가 죽게 되었다는 이야기가 조금은 당황스럽고 억울하게 느껴지기도 합니다. 하지만 하나님을 신뢰합니다. 하나님은 언제나 옳으시고 또한 늘 우리를 사랑하시기 때문입니다. ________와 엄마 아빠가 하나님의 말씀을 배워가면서 하나님을 어제보다 더 신뢰하고 사랑할 수 있도록 도와주세요. 예수님의 이름으로 기도합니다, 아멘.

☑ 영어로 읽어보는 교리문답

Question – What came of Adam's sin?

Answer – Death came to all men.

'Come of'는 어떠한 일의 결과를 의미합니다. 아담의 죄로, 그러니까 그것의 결과로 어떠한 일이 일어났는지를 묻는 표현입니다. 제공된 QR 코드를 따라 오늘의 문답을 함께 읽어보세요.

질문 **왜 아담의 죄로 모든 사람이 죽지?**

대답 **우리 모두 아담 안에서 죄를 지었으니까요.**

☑ 오늘의 문답을 암송해요

오늘의 질문과 대답을 세 번 정도 반복해 읽어봅니다. (어른 - 왜 아담의 죄로 모든 사람이 죽지? 아이 - 우리 모두 아담 안에서 죄를 지었으니까요.) 엄마 아빠가 묻고 아이가 대답하는 과정을 통해 오늘의 교리문답을 암송해봅니다.

☑ 엄마 아빠가 읽어주는 교리문답 해설

가족 중 한 사람이 아파요

엄마가 어렸을 때 외할아버지가 당뇨로 편찮으셨어. 당뇨는 음식을 조심해서 먹어야 하는 병이야. 집에서 아픈 사람은 외할아버지 한 분이셨지만 온 식구들이 함께 고생을 했지. 매끼 고기보다는 야채를 먹어야 했고 자극적인 맛은 찾아보기 어려웠어. 특별히 외할머니가 매 겨울 직접 만들어주시던 맛난 식혜는 외할아버지가 편찮으신 후로는 더 이상 맛볼 수가 없었어. 네가 감기에 걸리는 것처럼 비교적 사소한 병도 마찬가지야. 아픈 건 ________한 사람이지만 온 식구들이 함께 잠을 설치고 결국은 감기에 옮기도 하지.

정부가 정책을 발표했어요

온 세계가 코로나 바이러스로 몸살을 앓기 시작한 지도 2년이 지났구나. 코로나 바이러스는 우리 일상에 굉장히 많은 변화를 가져왔어. 마스크를 쓰고, 온라인 수업을 하고, 또 백신을 맞는 것처럼 말이야. 나라와 지역마다 정책이 다르긴 하지만 우리는 어디에 있든 우리가 속한 정부가 결정한 정책을 따라야 할 의무가 있어. 정부는 우리가 "우리를 대표해서 우리를 위한 좋은 결정들을 많이 내려주세요"라고 부탁한 사람들이거든. 그래서 때로는 불편하고 귀찮고 마음에 들지 않더라도 정부의 정책을 따라야 하는 거야.

우리의 가족, 우리의 대표

아담의 이야기로 돌아가 볼까? 아담은 하나님께 죄를 지었고 그에 대한 벌로 죽게 되었어. 그런데 우리 모두 그 벌을 함께 받게 된 거야. 억울하다고 생각할 수도 있고 "왜?"라고 묻고 싶을 수도 있어. 하지만 사실 너무나도 당연한 거야. 왜냐하면 아담은 우리의 가족이고 우리의 대표였거든. 우리의 가족인 아담이 죄를 지어 고통을 당할 때 (죄를 지은 것은 아담 한 사람이지만) 우리도 함께 그 고통을 당하고, 우리의 대표인 아담이 죄를 지어 벌을 받을 때 (죄를 지은 것은 아담 한 사람이지만) 우리도 함께 그 벌을 받게 된 거야. 안타깝지만 모든 사람이 아담과 함께 죄를 지었고 아담과 함께 죽게 되었어.

☑ 오늘의 문답을 복습해요

아래 빈칸을 채워 오늘의 문답을 완성해봅니다.

질문 - 왜 아담의 죄로 모든 사람이 죽지?
대답 - 우리 모두 ________ 안에서 ____를 지었으니까요.

☑ 엄마 아빠와 함께 기도해요

하나님, 아담이 우리의 가족이자 대표인 것을 알려주셔서 감사합니다. 우리가 아담과 함께 죄를 지었고 아담과 함께 죽게 되었군요. 하나님, 이제 우리는 어떻게 해야 하나요? 우리에게 알려주세요. 예수님의 이름으로 기도합니다, 아멘.

☑ 영어로 읽어보는 교리문답

Question – Why did Adam's sin affect all men?

Answer – We all sinned / in Adam.

제공된 QR 코드를 따라 함께 읽어보세요.

교리문답 23

질문 모든 사람이 죄 때문에 죽어야 하니?

대답 아니요, 하나님이 어떤 사람은 따로 빼두셨어요.

☑ 오늘의 문답을 암송해요

오늘의 질문과 대답을 세 번 정도 반복해 읽어봅니다. (어른 - 모든 사람이 죄 때문에 죽어야 하니? 아이 - 아니요, 하나님이 어떤 사람은 따로 빼두셨어요.) 엄마 아빠가 묻고 아이가 대답하는 과정을 통해 오늘의 교리문답을 암송해봅니다.

☑ 엄마 아빠가 읽어주는 교리문답 해설

땅땅, 선고가 내려졌어요

어떤 사람이 지은 죄는 너무너무 끔찍하고 흉악해서 감옥에서 평생을 보내거나 사형을 당하기도 해. 판사가 심사를 마치고 땅땅 판결을 내리고 나면 그 판결에 따라 죄수는 처벌을 받고 한 번 내려진 처벌을 되돌릴 방법은 없어. 우리는 하나님을 판사라고 상상할 수 있어. 우리는 하나님의 법정 맨 앞자리에 앉아 하나님이 우리의 지난 모든 행동을 살펴보시는 동안 마음을 졸이며 기다리는 중이야. 하지만 우리가 어떤 벌을 받게 될지는 뻔해. 아담과 같은 벌을 받게 될 거야. 우리 역시 아담처럼 하나님의 당부를 수도 없이 무시했고 하나님보다 나 자신을 더 사랑했을 뿐 아니라 이웃의 아픔을 너무나도 여러 번 못 본 체했으니까 말이야. 땅땅, 우리는 언젠가 사랑하는 사람들과 헤어져 이 세상을 떠나야 하고 이후에는 영원히 하나님과 떨어져 살아야 해.

다행이에요

모든 사람에게 공정한 판결이 내려졌지만 하나님이 이 사람 중 일부를 따로 빼두셨다고 성경은 이야기해. 그 사람들이 더 잘생겨서도 아니고, 더 똑똑해서도 아니고, 더 부자여서도 아니고, 더 착해서도 아니야. 하나님이 이 사람들을 따로 빼둔 것은 하나님이 좋은 분이시기 때문이야. 하나님은 이 사람들을 죄와 죽음으로부터 건져내서 영원한 삶으로 인도해주시기로 결심하셨고 실제로 그렇게 하셔. 우리는 그것을 '구원'이라고 불러![*]

* 웨스트민스터 소요리문답 20 - "하나님께서는 그 순전하고 선하신 기뻐하시는 뜻대로 영원 전에 몇몇을 영원한 삶을 위해 선택하셔서 은혜의 언약 관계로 들어가셨습니다. 이는 구속자로 말미암아 저희를 죄의 상태와 비참함의 상태에서 건져내어 구원의 상태에 이르게 하려 하심입니다."

그 사람들은 누구예요?

하나님이 빼놓으신 그 사람들이 누구인지 우리는 알 수 없어. 누구인지 알 수 없기 때문에 우리는 우리가 만나는 모든 사람에게 하나님이 얼마나 멋진 분이신지, 그리고 예수님이 이 사람들을 얼마나 사랑하시는지 전해야 하는 거야. 하지만 우리는 그 사람 중 하나일까? ________야, 너는 하나님이 너를 지으시고 너를 사랑하신다는 사실을 믿니? (대답을 기다려봅니다.) 예수님이 너를 위해 십자가에서 죽으시고 부활하신 것도 믿니? (대답을 기다려봅니다.) 그렇다면 너는 하나님이 빼두신 사람 중 한 명이야. 다시 한번 하나님이 너를 빼두신 것은 네가 다른 사람들보다 더 나아서가 아니야, 하나님이 좋은 분이기 때문이야. 엄마 아빠는 그 좋으신 하나님을 찬양해, 사랑하는 ________를 구원해주신 하나님께 감사해.

☑ 오늘의 문답을 복습해요

아래 빈칸을 채워 오늘의 문답을 완성해봅니다.

질문 - 모든 사람이 죄 때문에 죽어야 하니?
대답 - ________, 하나님이 어떤 사람은 따로 ______________.

☑ 엄마 아빠와 함께 기도해요

하나님, 우리는 마땅히 받아야 할 벌을 받는 것인데, 그중에서 일부를 따로 빼내어 구원해주시다니 너무너무 감사합니다. 우리가 받은 구원이 오직 하나님의 선하심으로부터 온 것을 늘 생각하고 하나님을 예배하고 우리가 만나는 모든 이들에게 구원의 기쁜 소식을 전하는 ________와 엄마 아빠가 되게 해주세요. 예수님의 이름으로 기도합니다, 아멘.

☑ 영어로 읽어보는 교리문답

Question - Must all men die for sin?

Answer - No, God elected some to life.

제공된 QR 코드를 따라 함께 읽어주세요.

☑ 이번 장을 마무리해요

이번 장의 문답을 통해 우리는 이 세상에 들어온 죄를 발견했습니다. 아담은 하나님의 당부를 어기는 것으로 죄를 지었고 자신은 물론 우리 모두를 죽음의 운명 가운데로 밀어 넣었습니다. 모든 것을 지으신 하나님이 죄의 형벌을 죽음으로 정하셨고, 아담의 죄로 우리 모두가 그 형벌을 받게 된 것입니다. 우리는 우리의 대표인 아담 안에서 함께 죄를 지었고, 그러므로 죽음이 마땅한 죄인들이지만, 하나님은 선한 뜻으로 그 가운데 일부를 빼두셨습니다. 아래 빈칸을 채워가며 이제까지 암송한 문답을 다시 한번 복습해보세요.

질문 - 아담이 좋은 상태로 남아 있었니?

대답 - ________, _______를 지었어요.

질문 - 죄가 뭐야?

대답 - 하나님의 _______에 _______하지 않는 거예요.

질문 - 죄를 지으면 무슨 벌을 받지?

대답 - ________이요.

질문 - 아담의 죄 때문에 어떻게 됐지?

대답 - ________ 사람이 ________ 됐어요.

질문 - 왜 아담의 죄로 모든 사람이 죽지?

대답 - 우리 모두 _______ 안에서 ___를 지었으니까요.

질문 - 모든 사람이 죄 때문에 죽어야 하니?

대답 - _________, 하나님이 어떤 사람은 따로 ____________.

정답: 아니요, 죄, 법, 순종, 죽음, 모든, 죽게, 아담, 죄, 아니요, 빼두셨어요

2

예수님을 통해 구원받아요

교리문답 24

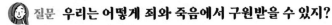

질문 **우리는 어떻게 죄와 죽음에서 구원받을 수 있지?**

대답 **오직 예수 그리스도를 통해서요.**

☑ 오늘의 문답을 암송해요

오늘의 질문과 대답을 세 번 정도 반복해 읽어봅니다. (어른 - 우리는 어떻게 죄와 죽음에서 구원받을 수 있지? 아이 - 오직 예수 그리스도를 통해서요.) 엄마 아빠가 묻고 아이가 대답하는 과정을 통해 오늘의 교리문답을 암송해봅니다.

☑ 엄마 아빠가 읽어주는 교리문답 해설

친구와 화해하고 싶어

학교에서 제일 친하게 지내는 친구와 서로 다투고 집에 돌아온 날에는 마음이 계속 불편해. '생각해보면 별일도 아니었는데 어쩌다 보니 서로 상처를 주고받았고 사과할 기회를 놓쳤어. 잘 가라는 인사도 못하고 헤어졌는데 내일은 어떻게 해야 하지? 내가 먼저 인사를 해야 할까? 사과는 또 어떻게 해야 하지? 먼저 용기를 내서 인사도 하고 사과도 했는데, 친구가 받아주지 않으면 얼마나 창피할까? 그래도 나와 제일 친한 친구잖아. 내일은 용기를 내볼래!' 집에 오면 이런 생각으로 밤새워 뒤척이기도 해.

♥ 양육자 노트

『어린이 생각 연구소』라는 책은 어린이들 사이의 화해를 다룬 섹션에서 다음과 같은 화해의 열쇠를 제시합니다.

1. 내 잘못도 있긴 해(자신의 잘못을 돌아보고 있다면 인정하기)
2. 편지 쓰기(마음을 편지에 담아 전달하기)
3. 둘이 있을 때 얘기해(다른 친구들이 다 보는 앞에서 말고 둘이 있을 때 대화하기)

우리 아이들에게 친구 관계는 굉장히 중요하고 또 어렵습니다. 모든 아이의 공통적인 고민 중 하나가 친구를 사귀는 것, 친구와 잘 지내는 것이니까요. 싸움보다 어려운 그 이름, 화해에 대해 서로 이야기 나눌 수 있는 기회가 될 수 있겠습니다. 마음꽃을 피우는 사람들, 『마음이 100cm 커지는 어린이 생각 연구소』(주니어김영사, 2021), 46-49.

하나님과 화해하고 싶어

그런데 우리가 화해해야 할 분이 또 있어. 바로 하나님이야. 우리가 아담과 함께 죄를 지은 이후 우리는 하나님의 원수가 되었어. 이것은 하나님과 우리가 사소한 일로 다투고 서로에게 삐친 사이가 되었다는 뜻이 아니야. 하나님과 우리가 서로를 너무너무 미워해서 더 이상은 같이 있을 수도, 서로의 눈을 마주 보고 대화도 이어갈 수 없는 원수 사이가 되었다는 뜻이야. 그런 일은 절대로 없겠지만 _________와 엄마 아빠가 이만큼이나 서로를 미워하게 되었다고 생각해보자. 와, 상상하는 것만으로도 엄마 아빠의 마음이 아프고 무섭다. 하나님과 원수로 산다는 것은 우리가 상상할 수 있는 가장 불행하고 위험한 삶이야. 우리는 하나님과 꼭 화해해야 해.

예수님을 통해서만 할 수 있어

하나님과의 화해를 위해서는 아주 특별한 도움이 필요해. 우리 혼자서는 할 수 없는 일이거든. 우리와 하나님 사이에는 크고 높은 담이 세워져 있고 우리는 혼자 그 담을 넘을 수도, 헐 수도 없어. 그 담을 헐고 우리와 하나님을 화해시키기 위해서는 특별한 도움, 바로 예수님이 필요해. 어떤 사람들은 교회를 다니면 우리가 다시 하나님의 친구가 될 수 있다고 생각하고, 어떤 사람들은 성경을 많이 읽고 기도를 많이 하면 우리가 다시 하나님의 친구가 될 수 있다고 생각해. 가난하고 어려운 사람들을 도와주는 것으로 다시 하나님의 친구가 될 수 있다고 생각하는 사람들도 있어. 하지만 우리가 하는 이런 노력들은 우리 앞에 놓인 담을 아주 조금 긁어내는 정도라고 해야 할까? 이런 것들로는 그 담을 완전히 무너뜨리고 하나님과 화해할 수 없어. 그 일을 해주실 수 있는 분은 예수님 한 분뿐이야. 우린 예수님을 통해서만 구원받을 수 있어.

☑ 오늘의 문답을 복습해요

아래 빈칸을 채워 오늘의 문답을 완성해봅니다.

질문 - 우리는 어떻게 죄와 죽음에서 구원받을 수 있지?
대답 - 오직 _______ _________를 통해서요.

☑ 엄마 아빠와 함께 기도해요

하나님, 우리의 죄가 우리를 하나님의 원수로 만들었다니, 죄의 힘이 정말로 크고 강력하다는 사실을 다시 한번 깨닫습니다. 그러나 우리는 하나님의 원수이고 싶지 않습니다. 하나님이 우리를 하나님의 모습대로 창조해주셨고 또 손수 지으신 우리를 사랑하시기 때문입니다. 하나님, 예수님을 통해 하나님과 화해할 수 있도록 해주셔서 감사합니다. 예수님 말고는 다른 화해의 방법이 없음을 늘 기억하고 오직 예수님만 사랑하고 높이고 따라갈 수 있도록 도와주세요. 예수님의 이름으로 기도합니다, 아멘.

☑ 영어로 읽어보는 교리문답

Question – How may we be saved / from sin and death?

Answer – Only through Jesus Christ.

제공된 QR 코드를 따라 함께 읽어보세요.

교리문답 25

질문 **예수 그리스도는 누구시지?**

대답 **하나님의 아들이세요.**

☑ 오늘의 문답을 암송해요

오늘의 질문과 대답을 세 번 정도 반복해 읽어봅니다. (어른 - 예수 그리스도는 누구시지? 아이 - 하나님의 아들이세요.) 엄마 아빠가 묻고 아이가 대답하는 과정을 통해 오늘의 교리문답을 암송해봅니다.

☑ 엄마 아빠가 읽어주는 교리문답 해설

네가 대학에 가고 결혼을 해도

엄마 아빠는 시간이 너무 빨리 간다고 생각하는데 너는 어때? (대답을 들어봅니다. 아이들은 보통 시간이 너무 느리게 간다고 생각합니다.) 그래, 보통 아이들은 시간이 너무 느리게 간다고 하더라. 어서 빨리 어른이 되고 싶으니까. 그래서 지금은 상상이 잘 안 되겠지만 언젠가는, 사실은 생각보다 빨리 너도 고등학교를 졸업하고 대학에 진학하게 될 거고, 여자친구(혹은 남자친구)를 만나 결혼도 하게 될 거야. 그런데 네가 대학생이 되고 누군가의 남편이나 아버지(혹은 아내나 어머니)가 된다고 해도 변하지 않는 사실이 하나 있어. 바로 ________가 엄마 아빠의 아들(혹은 딸)이라는 사실이야. 네가 더 이상 엄마 아빠와 같은 집에 살지 않아도, 더 이상 엄마 아빠와 함께 밥을 먹지 않아도, 더 이상 엄마 아빠의 도움이 필요하지 않아도 네가 엄마 아빠의 아들(혹은 딸)이라는 사실은 변하지 않아. 넌 영원히 엄마 아빠의 아들이야.

아주 작은 아가로 태어나셨지만

예수님도 마찬가지야. 2000년 전 아주 작은 아가로 이 땅에 태어나셨지만 예수님은 영원한 하나님의 아들이셔. 우리와 같은 몸을 입고 이 땅에 태어나시기 전에도 예수님은 이미 성자 하나님으로 존재하셨고, 사실 이 세상 모든 것들이 예수님을 통해 존재하게 되었다고 성경은 이야기해. 예수님은 평범한 사람의 모습으로 이 땅에 사셨지만, 평범한 사람은 절대로 할 수 없는 많은 놀라운 기적들을 보여주셨어. 어떤 예가 있을까? (아이의 대답을 들어봅니다.) 예수님은 물을 포도주로 바꾸셨고, 작은 도시락 하나로 수천 명에게 음식을 나누어주셨어. 다양한 환자들의 병을 고쳐주셨고, 심지어는 성난 파도를 혼내 잠잠하게도 하셨지. 귀신에 들려 마음이 아픈 사람들도 고쳐주셨고, 죽은 사람을 살려주신 일도 있었어. 사람들은 이런 예수님을 보고 속으로 외쳤을 거

야. '대체, 이분 정체가 뭐지?'

사람이 되신 하나님

예수님은 사람이 되신 하나님의 아들이셨어. 예수님이 하나님인 동시에 사람이셨다는 뜻이야. 이것을 통해서만 하나님이 우리를 죄와 죽음에서 구원하실 수 있었거든.* 만일 예수님이 사람이 아니셨다면 (그러니까 예수님이 그냥 하나님이셨다면) 예수님은 십자가에서 죽을 수 없었을 거야. 하나님이 어떻게 죽을 수 있겠어. 하나님은 죽을 수 없지. 반대로 만일 예수님이 하나님이 아니셨다면 (그러니까 예수님이 그냥 사람이셨다면) 예수님이 아무리 여러 번 죽으셨다고 해도 우리의 죄를 용서해주실 수는 없었을 거야. 한 사람의 희생으로 어떻게 모든 사람의 죄를 용서할 수 있겠어. 그건 불가능하지. 이렇게 예수님이 하나님인 동시에 사람이셨기 때문에 우리가 구원을 받게 된 거야.

☑ 오늘의 문답을 복습해요

아래 빈칸을 채워 오늘의 문답을 완성해봅니다.

* Ware, *Big Truths for Young Hearts*, 107.

질문 - 예수 그리스도는 누구시지?

대답 - ________의 ________이세요.

☑ 엄마 아빠와 함께 기도해요

하나님, 우리를 구원하시기 위하여 하나님의 아들이신 예수님을 이 땅에 보내주셔서 감사합니다. 아들을 희생하시기까지 우리를 사랑하신 하나님, 하늘의 모든 좋은 것들을 버리기까지 우리를 사랑하신 예수님의 마음 위에 늘 우리의 마음을 포개어 모든 순간 하나님을 사랑하고 예수님께 순종하는 ________와 엄마 아빠가 될 수 있도록 도와주세요. 예수님의 이름으로 기도합니다, 아멘.

☑ 영어로 읽어보는 교리문답

Question - Who is Jesus Christ?

Answer - He is God's Son.

제공된 QR 코드를 따라 함께 읽어보세요.

교리문답 26

질문 **예수님도 죄를 지으셨니?**

대답 **아니요, 그분만은 의로우세요.**

☑ 오늘의 문답을 암송해요

오늘의 질문과 대답을 세 번 정도 반복해 읽어봅니다. (어른 - 예수님도 죄를 지으셨니? 아이 - 아니요, 그분만은 의로우세요.) 엄마 아빠가 묻고 아이가 대답하는 과정을 통해 오늘의 교리문답을 암송해봅니다.

☑ 엄마 아빠가 읽어주는 교리문답 해설

틀린 그림 찾기

엄마 아빠가 어릴 때는 지금처럼 집마다 컴퓨터가 있지 않았어. 태블릿이나 스마트폰도 당연히 없었지. 그땐 집마다 종이로 된 신문이나 잡지를 구독해서 받아 보았고 게임은 동네 오락실에 가야만 할 수 있었어. 엄마가 __________ 나이였을 때, 외할아버지 할머니가 어린이 월간 잡지 한 권을 구독해주셨는데 거기에는 한두 편의 짧은 만화와 몇 가지 퍼즐들이 포함되어 있었어. 그중 엄마가 제일 좋아했던 코너는 바로 '틀린 그림 찾기'였는데, 나란히 놓인 두 개의 그림 사이에 꼭꼭 숨겨진 서로 다른 부분들을 찾으려고 눈에 불을 켰던 기억이 나.

우리와 똑같은 예수님

예수님은 ________가 이 세상에 막 태어났을 때의 모습으로 이 땅에 오셨고 모든 면에서 엄마 마리아의 도움이 필요했을 거야. 배고플 때는 우렁차게 울었을 거고 졸릴 때는 잠투정을 부렸을지도 몰라. 그리고 한 해 두 해가 지나면서는 말씀도 배우셨고 활발한 남자아이가 되어 베들레헴 골목 골목을 재빠르게 뛰어다녔을 수도 있어. ________처럼 친구들과 공놀이를 하는 것도 좋아하지 않으셨을까? 예수님의 어린 시절에 대한 기록은 많지 않아서 자세히는 알 수 없지만 우리와 마찬가지로 예수님도 배가 고프기도 하셨고 피곤하기도 하셨고 잠도 주무셨어. 우리가 느끼는 감정도 똑같이 느끼셨는데 사랑하는 친구 나사로가 죽었을 때는 슬피 울기도 하셨고 몸이 아픈 사람들을 보시고 속이 상해 한숨을 쉬기도 하셨지. 절대로 고집을 꺾지 않는 사람들이 안타까워 탄식도 하셨고 크게 화를 내신 적도 있어.

우리와 한 가지 다른 예수님

예수님과 우리의 모습을 '틀린 그림 찾기'처럼 나란히 놓고 살펴본다면 한 가지 중요한 차이가 있어. 바로 예수님은 죄를 짓지 않으셨다는 거야.* 와, 죄를 짓지 않는다는 건 도대체 어떤 걸까? 우리는 감히 상상조차 할 수 없지만 예수님은 단 한 번도 하나님이 정한 규칙들을 어기신 적이 없지. 예수님의 마음은 죄로 고장나 있지 않아서 언제나 하나님 아버지를 신뢰하였고 언제나 하나님 아버지께 순종하였어. 하나님 아버지를 신뢰하고 순종하는 것이 의로움이라면, 예수님은 이 세상에서 유일하게 의로운 분이셨지.

☑ 오늘의 문답을 복습해요

아래 빈칸을 채워 오늘의 문답을 완성해봅니다.

질문 - 예수님도 죄를 지으셨니?
대답 - ________, 그분만은 __________.

* 예수님은 "모든 방면에서 우리와 같으시되 죄는 없는 분"입니다. 복음연합, 리디머 장로교회, 『뉴시티 교리문답 해설』, 죠이선교회 출판부 옮김(죠이북스, 2018), 109.

☑ 엄마 아빠와 함께 기도해요

하나님, 이 세상 모든 사람의 마음이 죄로 고장이 났고, 이 세상 모든 사람이 죄를 짓습니다. 하나님이 정하신 규칙들을 어길 뿐 아니라 하나님을 사랑하지 않고 하나님을 멀리 떠나 다른 것들을 사랑하고 예배합니다. 하지만 하나님의 아들 예수님만은 그렇게 하지 않으셨습니다. 예수님은 모든 순간 하나님을 사랑하셨고 하나님께 순종하셨습니다. 하나님, 우리에게 의로우신 예수님을 보내주셔서 너무너무 감사합니다. 우리의 힘만으로는 할 수 없지만, 우리가 예수님을 닮아갈 수 있도록 도와주세요. 예수님의 이름으로 기도합니다, 아멘.

☑ 영어로 읽어보는 교리문답

Question – Did Jesus ever sin?

Answer – No, only He is righteous.

제공된 QR 코드를 따라 함께 읽어보세요.

교리문답 27

질문 **예수님이 그의 백성을 위해 무엇을 하셨니?**

대답 **죽음을 이기셨어요.**

☑ 오늘의 문답을 암송해요

오늘의 질문과 대답을 세 번 정도 반복해 읽어봅니다. (어른 - 예수님이 그의 백성을 위해 무엇을 하셨니? 아이 - 죽음을 이기셨어요.) 엄마 아빠가 묻고 아이가 대답하는 과정을 통해 오늘의 교리문답을 암송해봅니다.

☑ 엄마 아빠가 읽어주는 교리문답 해설

나를 괴롭히는 친구

그런 일이 있으면 안 되겠지만 학교에서 너를 괴롭히는 친구가 있다고 하자. 가만히 있는 널 툭툭 건드린다든지, 네 물건에 손을 댄다든지, 네 차례에 새치기를 한다든지 말이야. 물론 가장 중요한 것은 그 친구가 그런 행동을 할 때 그 자리에서 곧바로 "불쾌하니까 그만해"라고 분명하게 경고의 목소리를 내는 거야. 하지만 그럼에도 불구하고 친구의 괴롭힘이 계속된다면 주변 어른들에게 알리고 도움을 받아야 해. 너를 위해서뿐만 아니라 다른 친구들을 괴롭히는 그 친구를 위해서도 말이야.*

우리를 괴롭히는 원수

이 세상에도 우리를 끊임없이 괴롭히는 못된 친구(원수)가 있는데, 바로 죽음이야. 사랑하는 사람을 잃는 것만큼 이 세상에서 슬프고 힘든 일은 없어. 4년 전 엄마가 어릴 적부터 함께 자라 온 사랑하는 친구가 암으로 먼저 세상을 떠나게 되었을 때 엄마의 마음이 얼마나 슬프고 힘들었는지 몰라. 친구의 가족은 물론 정말로 많은 사람이 그 친구가 암을 이겨내고 건강한 모습으로 오랫동안 우리 곁에 머물러 주기를 기도했지만, 결국 하나님은 엄마의 친구를 일찍 하늘나라로 데려가셨어. 정말로, 이 세상에 죽음이 없다면 얼마나 좋을까? 이 세상에 암과 같은 질병이 없다면 말이야. 하지만 우리 중 누구도 이 원수(죽음)와 싸워 이길 수 있는 사람은 없어. 우리 모두는 언제가 죽게 될 거야.

* 학교 폭력에 대처하는 방법은 아이의 연령과 학교에 따라 다소 차이가 있을 수 있습니다. 가장 중요한 것은 아이에게 이러한 일이 생겼을 때 부모에게 솔직하게 상황을 알릴 수 있어야 한다는 것과 엄마 아빠가 어떠한 상황에서도 자신을 지켜 줄 것이라는 확신을 갖는 것입니다. 사랑과 신뢰의 관계가 제일 중요합니다.

죽음을 이기신 예수님

그런데 예수님이 이 원수와 싸워 승리하신 거야. 십자가에서 죽으시고 무덤에 누우셨던 예수님이 성경의 예언대로 3일 후 무수히 많은 죽은 사람들 가운데서 유일하게 다시 살아나셔서 죽음을 이기신 거지. 이제 죽음은 더 이상 무소불위의 힘을 발휘할 수 없게 되었어. 왜냐하면 예수님이 죽음을 완벽하게 이기고 승리하셨거든. 따라서 우리는 죽음을 두려워할 필요가 없지. 사랑하는 사람을 먼저 하늘나라로 보내야 할 때도 이 땅에서 잠시 헤어지는 것뿐 언젠가는 다시 만나 서로를 끌어안고 반갑게 인사할 수 있을 테니까.

☑ 오늘의 문답을 복습해요

아래 빈칸을 채워 오늘의 문답을 완성해봅니다.

질문 - 예수님이 그의 백성을 위해 무엇을 하셨니?
대답 - ________을 이기셨어요.

☑ 엄마 아빠와 함께 기도해요

하나님, 우리 주변에 사랑하는 사람을 잃고 슬픔과 고통 속에 있는 사람들을 떠올려 봅니다. 이렇게 죽음은 우리 가까이에 머물며 우리를 끊임없이 괴롭게 합니다. 우리의 힘으로는 죽음을 이길 수 없는데 예수님이 우리를 대신해 죽음과 싸워 이기셨다니 너무너무 기쁘고 감사합니다! 승리하신 예수님을 늘 찬양하고 사랑할 수 있도록 도와주세요. 예수님의 이름으로 기도합니다, 아멘.

☑ 영어로 읽어보는 교리문답

Question – What did Jesus do for His people?

Answer – He conquered death.

'Conquer'는 적을 억누르고 승리를 거머쥔다는 뜻의 단어입니다. 제공된 QR 코드를 따라 함께 읽어보세요.

교리문답 28

질문 **어떻게 그렇게 하셨지?**

대답 **죽으셨고 다시 살아나셨어요.**

☑ 오늘의 문답을 암송해요

오늘의 질문과 대답을 세 번 정도 반복해 읽어봅니다. (어른 – 어떻게 그렇게 하셨지? 아이 – 죽으셨고 다시 살아나셨어요.) 엄마 아빠가 묻고 아이가 대답하는 과정을 통해 오늘의 교리문답을 암송해봅니다.

☑ 엄마 아빠가 읽어주는 교리문답 해설

예수님의 부활을 의심한 사람들

예수님이 십자가에서 죽으신 다음 예수님을 따랐던 그분의 제자들은 슬프고 혼란스럽고 두려웠을 거야. 지난 3년 동안 모든 것을 버릴 만큼 사랑하고 존경했던 예수님이 이 세상에 더 이상 계시지 않는다니 슬펐을 거고, 수도 없는 기적으로 세상을 놀라게 하셨던 능력의 예수님이 이렇게 허무하게 십자가에 달려 돌아가시다니 실망했을 수도 있어. 또 무고한 예수님을 잔혹하게 죽인 예수님의 원수들이 언제 들이닥쳐 자신들을 해코지하지 않을까 두렵기도 했을 거야. 제자들은 충격적인 십자가 사건 이후 몸을 바싹 낮추고 숨어 지내고 있었어. 정말이야, 아무도 예수님의 부활을 기대하고 있지 않았어. 예수님의 빈 무덤을 처음 발견했던 여자들도, 이들에게서 소식을 들은 제자들도 예수님이 다시 살아나셨다는 이야기를 처음에는 믿지 않았어.*

예수님의 죽으심을 의심한 사람들

하지만 부활하신 예수님을 직접 보았다는 사람들이 잇따라 나오기 시작했어.** 부활하신 예수님을 직접 본 사람들은 부활 사건의 증인이 되어 만나는 모든 사람에게 예수님의 부활 소식을 증거했지. 제자들은 예수님이 생전에 하신 말씀을 기억했고 예수님이 정말로 우리를 위한 제물이 되시기 위하여 이 땅에 오신 하나님의 아들이심을 깨닫게 되었어.*** 하지만 예수님의 죽음 자체를 의심하는 사람들도 물론 있었어. "예수님이 십자가에서 죽으신 게 아니라 기절하신 걸 수도 있어", "예수님의 제자들이 거

* 눅 24:4, 11 참조

** 예수님은 부활하시고 이후 40일 동안 11번에 걸쳐 사람들에게 나타나셨습니다. 이정규, 『새가족반』(복있는사람, 2018), 177.

*** 마 20:28.

짓말을 하고 있는 건 아닐까?" "예수님의 제자들이 단체로 미친 게 분명해"라고 말이야.* 예수님의 부활이 그만큼 믿기 어려운 소식이었던 거지.

예수님의 죽으심과 부활을 믿은 사람들

예수님의 죽으심과 부활을 믿은 사람들도 있었어. 이렇게 예수님이 나를 위하여 십자가에서 죽으시고 빈 무덤에서 부활하셨다고 믿는 사람을 우리는 '그리스도인'이라고 불러. 물론 그리스도인이라고 해서 완벽하다거나 언제나 올바른 선택을 한다는 뜻은 아니야. 네가 함께 사는 엄마 아빠처럼 그리스도인은 완벽하지도 않고 잘못된 선택을 하기도 해. 다만 예수님이 자신을 위하여 십자가에서 죽으신 사실을 믿고 매일 그분을 따르기 위해 애쓰는 사람들일 뿐이야. 우리 ________ 는 어때? 너는 예수님이 너를 위해 죽으신 사실을 믿니? (아이의 대답을 기다려봅니다.) 예수님이 너를 위해 죽음을 이기고 다시 사신 것을 믿니? (아이의 대답을 기다려봅니다.) 굿!

* 예수님의 죽으심과 부활에 대한 여러 가설과 논증은 J. 워너 월리스, 『베테랑 형사 복음서 난제를 수사하다』, 장혜영 옮김(새물결플러스, 2017), 54-72쪽을 참조해주세요.

♥ 양육자 노트

우리는 논쟁과 증명을 통해 믿음을 가질 수 없습니다. 논쟁과 증명을 위한 노력이 무의미하다는 의미는 아닙니다. 다만 성경과 신앙에는 언제나 의심과 질문을 일으키는 부분이 존재하고 믿음을 모든 의심과 질문이 해결된 이후로 무작정 미루기만 할 수는 없습니다. 우리와 우리 자녀들이 성경의 권면을 따라 그리스도의 부활을 믿는 귀한 선택을 할 수 있기를 기도합니다. 임경근, 『교리와 함께 하는 365 가정예배』(세움북스, 2014), 90.

☑ 오늘의 문답을 복습해요

아래 빈칸을 채워 오늘의 문답을 완성해봅니다.

질문 - 어떻게 그렇게 하셨지?

대답 - 죽으셨고 다시 ____________________.

☑ 엄마 아빠와 함께 기도해요

하나님, 예수님이 십자가에서 죽으시고 부활하심으로 죽음을 이기신 것을 알게 해주셔서 감사합니다. 예수님의 부활은 많은 사람에게, 심지어 예수님의 제자들에게조차 믿기 어려운 놀라운 소식이었지만, 우리는 예수님이 우리를 위하여 죽고 부활하셨다는 사실을 믿습니다. 이제 우리를 위하여 죽음을 이기신 주님을 매 순간 사랑하고 예배하고 잘 따를 수 있도록 도와주세요. 예수님의 이름으로 기도합니다, 아멘.

☑ 영어로 읽어보는 교리문답

Question – How did He do this?

Answer – He died, / then rose again.

제공된 QR 코드를 따라 함께 읽어보세요.

교리문답 29

질문 **그리스도가 다른 무엇을 또 정복하셨지?**

대답 **그의 모든 적들이요.**

☑ 오늘의 문답을 암송해요

오늘의 질문과 대답을 세 번 정도 반복해 읽어봅니다. (어른 - 그리스도가 다른 무엇을 또 정복하셨지? 아이 - 그의 모든 적들이요.) 엄마 아빠가 묻고 아이가 대답하는 과정을 통해 오늘의 교리문답을 암송해봅니다.

☑ 엄마 아빠가 읽어주는 교리문답 해설

나쁜 행동 나쁜 결과

너희 반에서 자꾸만 사고를 치던 말썽꾸러기가 생각이 난다. 다른 친구들을 때리고 선생님 말씀을 대놓고 무시하면서 자주 수업을 방해한다던 그 친구 말이야. 얼마 전 문득 생각이 나서 "그 친구는 요즘도 말썽을 피우니?"라고 물었을 때, 너는 "요즘은 그렇게 큰 사고는 치지 않아요"라고 대답했지. 다행스럽기는 했지만 그 이유가 궁금해 "왜?"라고 물으니 너는 "큰 사고를 치면 그만큼 큰 벌을 받으니까 조심하는 것 같아요"라고 설명해줬어. 그래, 맞아, 우리의 행동에는 이렇게 대가가 따라. 큰 잘못을 저지르면 큰 벌을 받게 되지. 나쁜 행동은 나쁜 결과로 이어지고, 나쁜 결과를 좋아하는 사람은 없을 거야.

나쁜 마음 나쁜 행동

우리의 나쁜 행동은 어디에서 오는 걸까? (대답을 기다려봅니다.) 나쁜 행동은 나쁜 마음에서 오는 거야. 마치 사과 씨를 심으면 사과나무가 자라서 사과 열매가 열리는 것처럼, 나쁜 죄의 씨앗이 심긴 우리의 마음에서는 나쁜 생각이 자라서 나쁜 행동들이 열려. 준비물을 챙겨오지 못해 내 물건을 빌려 달라는 친구에게 안 된다고 말하는 것, 내 레고 작품을 망가뜨린 동생에게 세게 꿀밤을 먹이는 것, 게임을 하느라 정신이 팔려 나를 부르는 아빠의 말을 듣고도 대답하지 않는 것, 수업 시간에 선생님의 주의를 받고도 친구들과 계속해서 떠들고 수업을 방해하는 것, 다른 사람의 물건에 손을 대는 것, 서슴지 않고 나쁜 말을 하는 것처럼 말이야. 이런 나쁜 행동들은 다른 사람들보다 내가 더 중요하다고 생각하는 나쁜 마음에서 나오는 거야.

우리의 나쁜 행동과 나쁜 마음

우리의 나쁜 행동과 나쁜 마음도 예수님의 적이라고 볼 수 있어. 왜냐하면 이것들만큼 우리를 하나님으로부터 멀어지게 하는 것이 없거든. 우리의 나쁜 행동과 나쁜 마음은 우리에게 이렇게 속삭이고 우리와 예수님의 사이를 끊임없이 방해하지. "_________야, 오늘 네가 한 행동들을 한번 생각해봐. 하나님이 정말로 너를 사랑하실까? 예수님이 정말로 너를 예뻐하신다고 생각해?" 하지만 이건 하나님을 무엇보다 안타깝게 하고, 예수님을 무엇보다 슬프게 하는 잘못된 생각이야. 왜냐하면 하나님이 용서하실 수 없는 나쁜 행동과 나쁜 마음은 없고 예수님은 우리가 하나님의 용서를 받을 수 있도록 십자가에서 죽으셨거든. _________야, 예수님이 십자가에서 죽으시고 부활하셔서 너의 나쁜 행동과 나쁜 마음까지도 이기셨다는 사실을 잊지 마.

☑ 오늘의 문답을 복습해요

아래 빈칸을 채워 오늘의 문답을 완성해봅니다.

질문 - 그리스도가 다른 무엇을 또 정복하셨지?
대답 - 그의 __________ ____________이요.

☑ 엄마 아빠와 함께 기도해요

하나님, 우리가 하나님을 사랑하지 못하고 예수님으로부터 멀어지도록 하는 우리의 나쁜 마음과 나쁜 행동을 예수님의 발 앞에 내려놓습니다. 우리의 힘으로는 이 원수들을 이기고 승리할 수 없지만, 예수님은 언제나 이기고 승리하십니다. 예수님이 우리를 위하여 우리의 모든 적들을 이기셨다는 사실을 기억하고 언제나 예수님과 가까이 걷고 사귀는 저희가 되게 해주세요. 예수님의 이름으로 기도합니다, 아멘.

☑ 영어로 읽어보는 교리문답

Question – What else did Christ conquer?

Answer – All His enemies.

제공된 QR 코드를 따라 함께 읽어보세요.

교리문답 30

질문 그의 적들이 강력하니?

대답 그들은 결국 망할 거예요.

☑ 오늘의 문답을 암송해요

오늘의 질문과 대답을 세 번 정도 반복해 읽어봅니다. (어른 - 그의 적들이 강력하니? 아이 - 그들은 결국 망할 거예요.) 엄마 아빠가 묻고 아이가 대답하는 과정을 통해 오늘의 교리문답을 암송해봅니다.

☑ 엄마 아빠가 읽어주는 교리문답 해설

잘 안 돼요

그렇지 않은 사람들도 있겠지만 대부분의 사람은 착하게 살고 싶어 해. 가령 주변의 사람들에게 친절하고 봉사와 기부를 통해 꾸준히 어려운 사람들을 돌아보고 나에게 실수하고 잘못한 사람들도 쿨하게 용서해줄 수 있기를 원할 거야. 엄마도 그래. 엄마도 언제나 아빠나 ________에게 사랑스러운 말투로 이야기하고 싶고 일을 마치고 집에 왔을 때는 맛있는 저녁을 차려주고 싶어. 특별히 이 세상에서 고통 받는 어린이들을 위한 봉사나 기부를 더 많이 하고 싶어. 그런데 그게 잘 안 돼. 그러지 말아야지 몇 번씩 다짐해도 막상 기분이 별로일 때는 짜증스러운 말투가 먼저 나가고 몸이 피곤할 때는 가족들을 위해 밥상을 차리는 일도 귀찮고 심술이 나. 운전을 하면서 노숙인을 만날 때도 있지만 천 원도 건네지 못할 때가 많지. 그만큼 착하게 산다는 것은 어려워! 잘 안 돼!

강력한 이기심

그러지 않으려고 아무리 노력해도, 심지어 매일 아침 기도를 해도 우리는 다른 사람보다 언제나 '나' 자신을 먼저 생각하지. 죄를 영어로는 SIN이라고 하는데 가운데 있는 글자 'I'는 '나'를 뜻하는 단어이기도 해. 이렇게 다른 사람보다 나를 더 중요하게 생각하는 이기심은 우리가 죄를 짓도록 하는 강력한 동기가 되지. 이 같은 우리의 이기심, 그러니까 죄를 지으려는 성향이 얼마나 강력한지 바울이라는 훌륭한 선교사님도 이렇게 말씀하셨어. "하나님, 저는 제가 하고 싶은 착한 일은 하나도 하지 못하고 하고 싶지 않은 나쁜 일들만 하고 있네요."* 엄마도 그래. 우리의 마음은 이렇게 구부러지고 뒤틀려 원하지 않는 나쁜 행동들만

* 롬 7:15.

무한히 반복하며 살고 있어. 너무나도 안타까운 일이야.

하나님이 주시는 새로운 마음

하지만 우리의 죄를 부추기는 강력한 이기심도 결국에는 멸망하게 될 거야. 하나님이 우리에게 새로운 마음을 주신다고 약속해 주셨거든.* 하나님은 우리의 나쁜 행동을 고치시는 것만으로는 만족하시지 않아. 벌을 받는 것이 두려워서 나쁜 행동을 하지 않는 것은 하나님이 원하시는 게 아니야. 하나님은 우리가 하나님을 사랑하기 때문에 착한 행동을 하길 원하셔. 그러려면 우리의 마음이 새로워져야 해. 그리고 그 일을 하나님이 해주시는 거야. 우리가 해야 하는 일은 우리의 마음을 하나님의 선한 손에 맡겨 드리는 것뿐이지.

☑ 오늘의 문답을 복습해요

아래 빈칸을 채워 오늘의 문답을 완성해봅니다.

질문 - 그의 적들이 강력하니?
대답 - 그들은 _________ _________ 거예요.

* 겔 36:26.

☑ 엄마 아빠와 함께 기도해요

하나님, 우리의 죄를 부추기는 우리의 이기심은 정말로 강력합니다. 이 같은 이기심과의 싸움에서 우리는 매번 패배합니다. 그런데 이토록 강력한 우리의 이기심이 결국은 망하게 된다니 너무나도 통쾌합니다. 하나님, 약속하신 새 마음을 우리에게 주세요. 우리가 하나님을 사랑해서 하나님이 명령하신 착한 삶을 지금 이곳에서 마음껏 살 수 있도록 도와주세요. 예수님의 이름으로 기도합니다, 아멘.

☑ 영어로 읽어보는 교리문답

Question – Are His enemies powerful?

Answer – They have come to nothing.

'Come to'는 '어떠한 상황/지경에 이르다'를 뜻합니다. 제공된 QR 코드를 따라 오늘의 문답을 함께 읽어보세요.

교리문답 31

질문 그리스도가 그분의 백성에게 무얼 주셨니?

대답 그분의 의로우심을요.

☑ 오늘의 문답을 암송해요

오늘의 질문과 대답을 세 번 정도 반복해 읽어봅니다. (어른 - 그리스도가 그분의 백성에게 무얼 주셨니? 아이 - 그분의 의로우심을요.) 엄마 아빠가 묻고 아이가 대답하는 과정을 통해 오늘의 교리문답을 암송해봅니다.

☑ 엄마 아빠가 읽어주는 교리문답 해설

기프티콘이 도착했어요

어느 날, 다른 지역에 살고 있는 엄마의 친구로부터 선물이 도착했어. 택배 아저씨를 통해 온 선물은 아니고 온라인을 통해 온 선물이었는데 바로 커피 전문점 기프티콘이었지. 생일과 같은 특별한 날도 아니었는데 “커피 한 잔 드시고 힘내세요” 하는 응원의 메시지와 함께 날아온 선물이 얼마나 기쁘고 반가웠는지 몰라. 실제로 유난히 덥고 힘들었던 어느 날 오후 엄마는 그 커피 전문점에 들러 엄마가 좋아하는 그린티 레모네이드를 마시고 큰 힘을 얻을 수 있었어. 이렇게 기프티콘 같은 것을 사용해 내가 원하는 물건과 교환하는 것을 영어로는 리딤(redeem)이라고 해. 무엇을 리딤할 때 우리는 따로 돈을 지불하지 않고도 내가 원하는 물건을 구매할 수 있어.

우리의 리디머(Redeemer), 예수님

하나님도 우리에게 선물을 보내주셨는데 이 선물은 택배나 온라인을 통해 오지 않고 사람의 모습으로 우리에게 오셨어. 이 선물이 누구일까? (아이의 대답을 기다려봅니다.) 그래, 예수님이 바로 그 선물이셔. 예수님은 작고 작은 아기로 이 땅에 태어나 십자가에서 숨을 거두시기까지 하나님이 보시기에 정말로 완벽한 삶을 사셨고, 우리는 그것을 예수님의 '의로우심'이라고 불러. 그리고 예수님은 자신의 의로우심을 우리에게 주시지. 예를 들면 우리의 미운 7살과 예수님의 예쁜 7살을 통째로 바꿔주시는 거야. 이렇게 우리는 리디머 예수님을 통해 하나님이 보시기에 완벽한 인생을 얻게 되지.

제가 그렇게 소중한 사람이에요?

그런데 이렇게 큰 선물을 주시기 위해 하나님은 대체 얼마를 지불하신 걸까? 얼마를 지불하셨길래 우리가 이렇게 큰 선물을 받을 수 있는 거지? 하나님은 하나뿐인 아들을 포기하셨고 예수님 역시 하나뿐인 목숨을 내어주셨어. 우리가 예수님의 의로우심을 받을 수 있는 것은 하나님과 예수님이 그 값을 미리 지불하셨기 때문인데, 그 값어치는 영원하신 하나님의 아들 성자 예수님의 생명이었어. 하나님은 하나뿐인 아들을 기꺼이 포기하실 만큼, 예수님은 십자가에서 자기 목숨을 내어주실 만큼 너를 사랑하신 거야. ________야, 너는 그만큼 소중한 사람이야.

☑ 오늘의 문답을 복습해요

아래 빈칸을 채워 오늘의 문답을 완성해봅니다.

질문 - 그리스도가 그분의 백성에게 무얼 주셨니?
대답 - 그분의 ____________을요.

☑ 엄마 아빠와 함께 기도해요

하나님, 우리에게 하나뿐인 외아들을 주시고, 예수님, 우리에게 하나뿐인 생명을 주셔서 감사합니다. 우리가 그만큼 소중한 존재라니 우리의 마음이 행복으로 벅차 옵니다. 이만큼이나 우리를 사랑하시는 하나님의 마음을 잊지 않고 우리도 매 순간 하나님을 사랑할 수 있도록 도와주세요. 예수님의 이름으로 기도합니다, 아멘.

☑ 영어로 읽어보는 교리문답

Question – What did He give / to His people?

Answer – His own righteousness.

제공된 QR 코드를 따라 함께 읽어보세요.

교리문답 32

질문 **그리스도가 그분의 백성에게서 무얼 없애주셨지?**

대답 **그들의 죄요.**

☑ 오늘의 문답을 암송해요

오늘의 질문과 대답을 세 번 정도 반복해 읽어봅니다. (어른 - 그리스도가 그분의 백성에게서 무얼 없애주셨지? 아이 - 그들의 죄요.) 엄마 아빠가 묻고 아이가 대답하는 과정을 통해 오늘의 교리문답을 암송해봅니다.

☑ 엄마 아빠가 읽어주는 교리문답 해설

친구와 포켓몬 카드를 교환했어요

네가 한때 몰두했던 포켓몬 카드 게임 말이야. 엄마 아빠가 볼 때는 규칙이 많고 복잡해서 쉬운 게임이 아니었는데 너는 집에 오는 모든 사람과 그 게임으로 놀고 싶어 할 만큼 그것을 좋아했지. 이 게임을 위해서는 가장 먼저 다양한 포켓몬 카드가 필요했는데 문제는 원하는 카드만 골라서 살 수가 없다는 거였어. 마트에 가서 카드를 살 때도 너는 랜덤 카드가 잘 걸려 주기를 간절히 기도하곤 했지. 포켓몬 카드를 좋아하는 친구들끼리는 '카드 교환'을 하기도 했어. 서로에게 있는 카드 중 나에게 필요하지 않은 것을 필요한 다른 카드와 맞바꾸는 거 말이야.

위대한 교환

예수님도 우리와 일종의 교환을 하셨어. 어제 우리가 배운 대로 예수님은 우리에게 자신의 의로우심을 주셨어. 그렇다면 우리는 그것을 대신해 예수님께 무엇을 드렸을까? 예수님은 우리에게서 무엇을 가지고 가셨을까? (대답을 기다려봅니다.) 맞아, 예수님은 우리의 죄를 가지고 가셨어. 예수님은 작고 작은 아가로 이 땅에 태어나 청년으로 십자가에서 죽으실 때까지 단 한 번도 하나님의 당부를 어기신 적이 없지만 우리는 매일같이 죄를 짓고 하나님의 마음을 슬프게 하지. 그런데 예수님이 자신의 완벽한 삶과 우리의 죄투성이 삶을 맞바꿔주신 거야. 이건 아무리 생각해보아도 공평하지 못한 교환이었어. 예수님께 너무 큰 손해가 아니었을까?

유일한 구원의 길, 예수님

하지만 예수님은 기꺼이 그 교환을 하셨어. 사랑하는 ________를 죄와 죽음에서 구원하시기 위해, 사랑하는 ________와 천국에서 영원히 함께 사시기 위해 말이야. 다시 한번, 우리가 구원을 받고 천국에서 하나님과 영원히 살 수 있는 것은 예수님이 기꺼이 자신의 완벽한 삶과 우리의 죄투성이 삶을 교환해주셨기 때문이야. 우리에게 자신의 의로우심을 건네주시고 대신 우리의 죄를 가져가셨기 때문이지. 그것이 우리가 구원을 받아 천국에서 영원히 살 수 있는 유일한 길이었거든.* 이제 예수님을 통해 그 길이 우리에게 열렸고 우리는 지금 그 길을 함께 걸어가고 있는 거야. 예수님이라는 길을 예수님과 함께 말이야!

☑ 오늘의 문답을 복습해요

아래 빈칸을 채워 오늘의 문답을 완성해봅니다.

질문 - 그리스도가 그분의 백성에게서 무얼 없애주셨지?
대답 - 그들의 ________요.

* 뉴시티 교리문답 33, 문: 그리스도를 믿는 자들이 자신의 공로나 그밖에 다른 것으로 구원을 받을 수 있습니까? 답: 아닙니다. 절대로 그럴 수 없습니다. 구원에 필요한 모든 것은 그리스도 안에 있기 때문입니다. 선행을 통해 구원을 받으려는 것은 그리스도가 유일한 구속자이자 구주라는 진리를 부인하는 일입니다.

☑ 엄마 아빠와 함께 기도해요

하나님, 우리에게 예수님의 의로우심을 주시고 대신 우리의 죄를 가져가셨네요. 이 같은 교환이 아니었다면 우리가 구원을 받아 천국에 갈 수 있는 길은 없었겠지요. 우리를 위하여 천국의 길이 되어주신 예수님, 우리가 매일매일 우리의 구원자 예수님만을 바라보면서 구원의 길을 잘 걸어갈 수 있도록 도와주세요. 예수님의 이름으로 기도합니다, 아멘.

☑ 영어로 읽어보는 교리문답

Question - What did He take / from His people?

Answer - Their sin.

제공된 QR 코드를 따라 함께 읽어보세요.

☑ 이번 장을 마무리해요

이번 장은 다른 장들보다 문답의 수가 다소 많지만, 기독교 신앙에서 정말로 중요한 구원의 문제를 다루고 있습니다. 우리를 죄와 죽음에서 구원하는 것이 오직 예수 그리스도이시라는 사실은 아무리 강조해도 지나침이 없습니다. 우리는 우리의 잘남이나 잘됨으로 하나님 앞에 설 수 없습니다. 오직 우리를 위하여 대신 죽으신 예수님을 통해 그렇게 할 수 있습니다. 인간의 몸을 입고 이 땅에 오셨지만 예수님은 한순간도 하나님의 아들이 아니셨던 적이 없으며 한 번도 죄를 지으신 적이 없습니다. 그럼에도 불구하고 우리를 위하여 십자가에서 죽으셨고 다시 살아나심으로 죽음을 이기고 승리하셨습니다. 다른 모든 적들 역시 종국에는 패망하고 정복될 것입니다. 우리는 우리의 구원자 안에서 그분의 의로우심을 얻고 그분은 우리의 죄를 거두어 가십니다. 아래의 빈칸을 채워가며 이제까지 암송한 문답을 다시 한번 복습해보세요.

질문 - 우리는 어떻게 죄와 죽음에서 구원받을 수 있지?
대답 - 오직 _______ __________를 통해서요.

질문 - 예수 그리스도는 누구시지?
대답 - _______의 _______이세요.

질문 - 예수님도 죄를 지으셨니?
대답 - ________, 그분만은 ______________.

질문 - 예수님이 그의 백성을 위해 무엇을 하셨니?

대답 - ________을 이기셨어요.

질문 - 어떻게 그렇게 하셨지?

대답 - 죽으셨고 다시 ________________ .

질문 - 그리스도가 다른 무엇을 또 정복하셨지?

대답 - 그의 ________ ________이요.

질문 - 그의 적들이 강력하니?

대답 - 그들은 ________ ________ 거예요.

질문 - 그리스도가 그분의 백성에게 무얼 주셨니?

대답 - 그분의 ________________을요.

질문 - 그리스도가 그분의 백성에게서 무얼 없애주셨지?

대답 - 그들의 ________요.

정답: 예수, 그리스도, 하나님, 아들, 아니요, 의로우세요, 죽음, 살아나셨어요, 모든, 적들, 결국, 망할, 의로우심, 죄

3

성령님이
도와주세요

교리문답 33

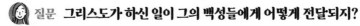

질문 **그리스도가 하신 일이 그의 백성들에게 어떻게 전달되지?**

대답 **성령으로요.**

☑ 오늘의 문답을 암송해요

오늘의 질문과 대답을 세 번 정도 반복해 읽어봅니다. (어른 - 그리스도가 하신 일이 그의 백성들에게 어떻게 전달되지? 아이 - 성령으로요.) 엄마 아빠가 묻고 아이가 대답하는 과정을 통해 오늘의 교리 문답을 암송해봅니다.

☑ 엄마 아빠가 읽어주는 교리문답 해설

도움이 필요해요

무언가를 처음 배울 때 우리는 누군가의 도움이 필요해. 더하기 빼기를 처음 배울 때도 그랬고 자전거를 처음 배울 때도 그랬어. 더하기 빼기의 방법을 설명해주고 연습 문제를 함께 풀어줄 사람이 필요하고, 자전거 타는 방법을 설명해주고 처음 타는 자전거가 쉴 새 없이 휘청거리는 동안 뒤에서 자전거를 잡아줄 사람이 필요해. 예수님을 알아가는 과정도 마찬가지야. 우린 도움이 필요해. 예수님이 어떤 분이신지 우리에게 알려주고, 예수님이 얼마나 멋진 분이신지 그려주고, 무엇보다 우리에게 예수님을 직접 소개시켜줄 수 있는 분 말이야. 그런데 그런 분이 실제로 계실까? 다행히도 계셔!

성령님이 우리를 도와주세요

사실 성령님의 도움이 없이는 누구도 예수님을 만날 수 없어.* 성령님은 우리의 시선이 예수님을 향하도록 도와주시고 또 우리에게 예수님이 얼마나 멋진 분이신지를 보여주셔서 우리가 예수님을 진심으로 사랑하도록 도와주시는 분이야. 혹시라도 하나님과 내가 멀리 떨어져 있다는 생각이 들거나 예수님이 더 이상 나를 사랑하시지 않는 것 같아 걱정이 된다면 언제든 성령님께 도움을 요청할 수 있어. 우리를 예수님께로 처음 인도해주셨던 성령님은 우리를 다시 한번 예수님께로 인도해주실 거야.

성령님은 하나님이세요

한 가지 분명히 알아야 하는 것은 성령님도 성부 성자 하나님

* 고전 12:3.

과 마찬가지로 영원한 하나님이시라는 사실이야.* 성령 하나님을 성부 성자 성령 하나님 중에서 꼴찌 하나님으로 생각하는 사람들이 있는데 그건 절대로 사실이 아니야. 성령 하나님은 성부, 성자 하나님과 동일하게 높고 멋지고 영원한 하나님이셔. 서로 경쟁하고 등수를 매기길 좋아하는 우리와 달리 삼위 하나님은 언제나 서로를 완벽하게 사랑하고 존중하시지. 그런 사랑과 존중 속에서 성령 하나님은 우리 모두의 관심을 자신보다 예수님께 집중시켜주셔. 우리가 예수님을 보고 만나고 더 깊이 사랑할 수 있도록 말이야.**

☑ 오늘의 문답을 복습해요

아래 빈칸을 채워 오늘의 문답을 완성해봅니다.

질문 - 그리스도가 하신 일이 그의 백성들에게 어떻게 전달되지?

* 하이델베르크 교리문답 53, 문: 성령에 대해서는 무엇을 믿습니까? 답: 첫째, 성부, 성자와 함께 성령도 영원한 하나님이십니다. 둘째, 성령께서는 내게 개인적으로 임하셔서 참된 믿음을 통하여 그리스도 안에서 그의 모든 축복에 동참하게 하시며 나를 위로하시고 영원히 나와 함께 계십니다.

** 요 16:14, 복음 연합, 리디머 장로교회, 『뉴시티 교리문답 해설』, 175, DeYoung, *The Good News We Almost Forgot: Rediscovering the Gospel in a 16th Century Catechism*, 103 참조.

대답 - ____________으로요.

☑ 엄마 아빠와 함께 기도해요

하나님, 우리에게 성령 하나님을 주셔서 정말로 감사합니다. 성령 하나님을 통해 우리가 예수님을 발견하고 예수님을 알아가고 예수님을 사랑하게 되기 때문입니다. 성령 하나님, 언제나 우리와 함께 해주셔서 우리가 매 순간 하나님의 사랑을 느끼고 어제보다 오늘 더 예수님을 사랑할 수 있도록 도와주세요. 예수님의 이름으로 기도합니다, 아멘.

☑ 영어로 읽어보는 교리문답

Question – How is Christ's work brought to His people?

Answer – By the Holy Spirit.

제공된 QR 코드를 따라 함께 읽어보세요.

교리문답 34

질문 **성령께서는 뭘 하시지?**

대답 **믿음을 주세요.**

☑ 오늘의 문답을 암송해요

오늘의 질문과 대답을 세 번 정도 반복해 읽어봅니다. (어른 - 성령께서는 뭘 하시지? 아이 - 믿음을 주세요.) 엄마 아빠가 묻고 아이가 대답하는 과정을 통해 오늘의 교리문답을 암송해봅니다.

☑ 엄마 아빠가 읽어주는 교리문답 해설

바람이 불어와요

하나님이 지으신 모든 자연 중 엄마가 제일 좋아하는 것은 바람이야. 바람이 불어와 닿으면 기분이 좋아. 바람을 마주 보고 걸어갈 때 머리칼이 날리는 기분도 좋고, 바람을 등지고 갈 때 바람이 내 등을 밀어주는 것 같은 기분도 좋아. 들꽃 냄새 머금고 불어오는 봄바람도 좋고, 물기 머금고 불어오는 짭조름한 바닷바람도 좋아. 그중에서도 제일 좋은 건 오래된 나무 향이 물씬 풍기는 깊은 산속 바람이야. 바람은 나뭇잎을 이리저리 흔들기도 하고 꽃씨를 이곳저곳 나르기도 하고 구름을 휘휘 저을 때도 있어. 우리 눈에 보이지 않는다고 해서 바람이 존재하지 않는다고 생각하는 사람은 없을 거야.

성령님은 우리를 예수님께로 데려가요

엄마가 좋아하는 책 『어린이를 위한 신앙낱말사전』을 보면 성령 하나님을 바람으로 소개하고 있어. "성령은 하나님의 바람이에요. 눈에 보이지 않지만 바람이 불면 나뭇잎이 흔들리는 것처럼, 성령은 사람들의 마음을 어루만지고 흔들어서 하나님께로 돌아서도록 이끌어주세요."* 바람이 세게 부는 날 공원에 나가 바람을 등지고 걷다 보면 이렇게 느껴지는 순간이 있어. "어, 바람이 내 등을 밀어주고 있어. 지치지 말고 앞으로 계속해서 걸어가라고 나를 응원해주는 것 같은데? 와, 진짜 좋아!" 그런데 만일 성령님이 정말로 힘찬 바람과 같다면 성령님은 우리를 어디로 데려가실까? 성령님의 목적지는 언제나 한 곳, 바로 예수님의 품이야.

* 김주련, 『어린이를 위한 신앙낱말사전』, 29.

성령님은 믿음을 주세요

성령님이 우리를 예수님의 품으로 데려가신다는 것은 우리에게 예수님을 믿는 믿음을 주신다는 말이기도 해. 사실 우리의 마음은 죄로 구부러지고 뒤틀어져서 다른 사람에게, 심지어는 하나님에게도 지적받는 것을 싫어하지. 그런데 성령님은 우리의 마음을 어루만지셔서 우리가 얼마나 흉악한 죄인인지를 깨달아 알게 해주셔. 정말로 성령님의 도움이 아니라면 우리는 끝까지 "저는 아무 잘못이 없는데요"라고 하나님 앞에서 대들지도 몰라. 성령님의 도움으로 우리는 마침내 우리가 용서받아야 할 죄인이라는 것과 우리를 용서해주시기 위해 예수님이 십자가에서 죽으셨다는 것을 인정하고 받아들이게 돼.* 이것이 바로 성령님이 우리를 위해 해주시는 일이야. 성령님은 우리에게 믿음을 주셔.

☑ 오늘의 문답을 복습해요

아래 빈칸을 채워 오늘의 문답을 완성해봅니다.

질문 - 성령께서는 뭘 하시지?
대답 - ___________을 주세요.

* 웨스트민스터 소요리문답 30-31 참조.

☑ 엄마 아빠와 함께 기도해요

하나님, 우리에게 성령 하나님을 주셔서 감사합니다. 성령님을 통해 우리를 매 순간 예수님께로 인도해주시고 또 우리에게 예수님을 믿는 믿음을 주시는 하나님을 찬양합니다. 정말로 구원은 하나님께로부터 오는 것이었네요. 우리가 잘나서 구원받은 것이 아니네요. 우리를 이토록 사랑하시는 하나님을 우리도 온 맘 다해 사랑하고 삶의 모든 자리에서 예배할 수 있도록 도와주세요. 예수님의 이름으로 기도합니다, 아멘.

☑ 영어로 읽어보는 교리문답

Question - What does the Holy Spirit do?

Answer - He gives faith.

제공된 QR 코드를 따라 함께 읽어보세요.

교리문답 35

질문 **믿음이 뭐지?**

대답 **구원을 위해 그리스도를 의지하는 거예요.**

☑ 오늘의 문답을 암송해요

오늘의 질문과 대답을 세 번 정도 반복해 읽어봅니다. (어른 - 믿음이 뭐지? 아이 - 구원을 위해 그리스도를 의지하는 거예요.) 엄마 아빠가 묻고 아이가 대답하는 과정을 통해 오늘의 교리문답을 암송해봅니다.

☑ 엄마 아빠가 읽어주는 교리문답 해설

뭣이 중헌디!

대놓고 표현은 안 하지만 사람들이 인생에서 중요하게 생각하고 의지하는 것들이 있어. 외모도 그중 하나일 거야. 요즘은 초등학생 중에서도 화장을 하는 친구들이 있다고 들었어. 엄마 아빠가 어렸을 때는 상상도 할 수 없는 일이었지만 그만큼 너희 또래에서는 외모가 중요하고 반대로 외모 때문에 받는 스트레스가 크다는 뜻이기도 하겠지. 남자아이들의 세계에서는 힘이 세거나 근육이 빵빵하고 운동을 잘하는 것이 중요하다고 생각될 수 있어. 그런 친구들은 쉽게 무시당하지 않을 거고 여학생들에게 인기도 얻을 수 있을 테니까. 그렇다면 어른들은 뭐가 가장 중요하다고 생각할까? (아이의 대답을 들어봅니다.) 아무래도 어른들은 돈을 가장 중요하게 생각하고 의지하지 않을까 싶어. 돈이 없으면 가족 친지들을 잘 챙기기도 어렵고 불편하고 억울한 일을 당할 때도 있으니까.

우리는 예수님을 믿는 사람들이에요

외모나 힘, 돈도 중요하지만 우리는 예수님이 훨씬 더 중요하다고 믿는 사람들이야. 이렇게 다른 어떤 것보다도 예수님이 중요하다고 생각하는 사람들을 우리는 그리스도인이라고 부르지. 예수님이 우리에게 주시는 구원은 우리가 예뻐서, 힘이 세서, 혹은 돈이 많아서 주시는 것이 아니야. 사람들은 경쟁을 하고 그 후에는 줄을 쫙 세워서 내가 저 사람보다 더 낫다는 것을 증명하고 싶어 하지만 예수님이 주시는 구원은 우리의 잘남과는 사실 아무런 상관이 없어. 예수님이 우리를 불러주시는 천국도 우리가 예뻐서, 힘이 세서, 혹은 돈이 많아서 가는 곳이 아니야. 다만 예수님을 믿기 때문에 가는 곳이야. 아무런 죄가 없으신 하나님의 아들 예수님이 나를 위해 십자가에서 죽으셨다는 사실을 믿음으로 말이야.

믿음은 맡기는 거예요

예수님을 믿는다는 것은 우리 자신을 예수님께 맡기는 거야. 예수님을 의지한다는 것이 정확히 어떤 말인지 이해되지 않을 때도 "예수님이 맞아요"라고 고개를 끄덕이는 거야. 우리가 이전에 중요하다고 생각했던 것, 그리고 이 세상이 중요하다고 자꾸만 우리에게 이야기하는 것들을 또다시 의지하고 싶어질 때도 마음을 바꾸지 않고* "아니에요, 예수님이 가장 중요해요"라고 고백하고 예수님을 계속해서 사랑하는 거야. 그리고 그런 믿음이 하나님을 기쁘시게 하는 믿음이야.**

☑ 오늘의 문답을 복습해요

아래 빈칸을 채워 오늘의 문답을 완성해봅니다.

질문 - 믿음이 뭐지?
대답 - 구원을 위해 __________를 __________하는 거예요.

* 김주련, 『어린이를 위한 신앙낱말사전』, 37.
** 히 11:6.

☑ 엄마 아빠와 함께 기도해요

하나님, 우리가 이 세상에서 가장 중요하다고 생각하고 의지하는 것이 무엇입니까? 입으로는 예수님이라고 하면서 마음으로는 외모나 힘, 돈을 의지하지는 않습니까? 그렇다면 다시 한번 어떤 믿음이 하나님을 기쁘시게 하는지를 생각하고 예수님께로 우리의 눈과 마음을 되돌릴 수 있도록 도와주세요. 예수님이 우리에게 가장 중요한 분, 그리고 우리가 모든 것을 맡기고 의지하는 유일한 분이 되게 해주세요. 예수님의 이름으로 기도합니다, 아멘.

☑ 영어로 읽어보는 교리문답

Question – What is faith?

Answer – Resting on Christ / for salvation.

제공된 QR 코드를 따라 함께 읽어보세요.

교리문답 36

질문 **어떻게 참 믿음을 알아볼 수 있지?**

대답 **참 믿음은 착한 일을 해요.**

☑ 오늘의 문답을 암송해요

오늘의 질문과 대답을 세 번 정도 반복해 읽어봅니다. (어른 - 어떻게 참 믿음을 알아볼 수 있지? 아이 - 참 믿음은 착한 일을 해요.) 엄마 아빠가 묻고 아이가 대답하는 과정을 통해 오늘의 교리문답을 암송해봅니다.

☑ 엄마 아빠가 읽어주는 교리문답 해설

이제 됐나요?

사람들은 서로를 사랑해서 결혼이라는 것을 해. 엄마와 아빠도 사랑하는 가족들과 친구들이 모인 결혼식장에서 "평생 동안 서로를 아끼고 사랑할게요"라고 약속했지. 그런데 결혼식장을 빠져나오자마자 방금 전 자신과 혼인 서약을 한 신부에게 "이제 결혼식도 마쳤으니 제 마음대로 살고 싶어요. 가끔은 다른 여자를 만나도 괜찮을까요?"라고 묻는 신랑이 있을까? 만일 그런 신랑이 있다면 신부를 정말로 사랑해서 결혼한 게 아닐 거야. 진짜 사랑은 "이제 됐나요? 이제는 제 마음대로 살아도 되나요? 아주 가끔은 나쁜 짓을 해도 괜찮은가요?"라고 물어보지 않는 법이거든.

예쁜 마음, 예쁜 행동

성령님은 우리의 마음을 새것으로 바꿔주시는 분이야.* 우리 마음에 꼭꼭 숨어 있던 죄를 깨닫게 해주시고 바로 그 죄를 용서해주시기 위해 예수님이 십자가에서 죽으신 사실을 자꾸만 생각나게 해주시지. 그래서 예전에는 아무렇지도 않게 느껴졌던 나쁜 행동들이 이제는 눈에 거슬리고 우리 마음을 콕콕 아프게 해. 이런 나쁜 행동들이 이제는 정말로 미워져. 이것은 성령님이 우리의 마음을 새것으로 바꿔주셨기 때문이야. 성령님이 주신 예쁜 마음은 지금까지는 아무렇지도 않았던 나쁜 행동들을 미워하고 이전에는 어색하기 그지없었던 예쁜 행동들을 사랑하게 해. 그리고 그런 예쁜 행동들을 할 때면 마음이 얼마나 뿌듯하고 감사한지 몰라.

* 겔 36:26.

참 믿음, 착한 일

이렇게 참 믿음은 착한 일을 하도록 해줘. 예전에는 가족끼리 피자를 먹다 마지막 한 조각이 남았을 때 다른 가족들이 보기 전에 내 입으로 얼른 넣는 것이 당연했지만 지금은 다른 가족들이 먹어도 괜찮아. 예전에는 친구와 다투고 나서 미안하다는 말을 먼저 꺼내는 것이 죽기보다 싫었는데 이제는 내가 먼저 친구에게 다가가 웃어주고 안아주고 싶어. 예전에는 아빠가 엄한 얼굴로 "티비는 그만, 숙제부터"라고 말씀하시면 나도 모르게 화가 불끈 나곤 했는데 이제는 "네" 하고 큰 소리로 대답하고 얼른 방에 들어갈 수 있어. 이제는 착한 일을 하는 것이 더 좋아. 이건 정말 기적 같은 일이라고!*

☑ 오늘의 문답을 복습해요

아래 빈칸을 채워 오늘의 문답을 완성해봅니다.

질문 - 어떻게 참 믿음을 알아볼 수 있지?
대답 - 참 믿음은 ________ ________을 해요.

* 엡 2:8-10; 복음 연합, 리디머 장로교회, 『뉴시티 교리문답 해설』, 161 참조.

☑ 엄마 아빠와 함께 기도해요

하나님, 우리의 마음을 새 마음으로 바꿔주셔서 감사합니다. 하나님이 주시는 새 마음으로 예전에 사랑했던 나쁜 일들을 미워하고, 예전에 미워했던 착한 일들을 사랑하게 되었습니다. 앞으로도 매일매일 참 믿음으로 하나님을 기쁘시게 하고, 착한 일로 주변 사람들을 행복하게 하는 __________와 엄마 아빠가 될 수 있도록 도와주세요. 예수님의 이름으로 기도합니다, 아멘.

☑ 영어로 읽어보는 교리문답

Question – How do we recognize true faith?

Answer – It brings good works.

원문에는 'yield'라고 되어 있지만 보다 더 친숙한 단어인 'bring'으로 대체했습니다. 질문에 등장한 'recognize'는 '알아보다'라는 뜻의 단어입니다. 제공된 QR 코드를 따라 함께 읽어보세요.

☑ 이번 장을 마무리해요

이번 장의 문답들은 우리가 성령의 도우심이 필요한 존재임을 상기시켜줍니다. 성령의 개입과 도움이 없이 우리 스스로의 힘과 의지로 믿음에 이른 사람은 아무도 없습니다. 성령은 우리에게 우리의 구원을 위해 그리스도를 의지하는 믿음을 주시고 참 믿음은 언제나 착한 일을 행한다는 사실을 일상에서 일깨워 주십니다. 우리는 성령의 도움이 필요한 사람들입니다. 아래의 빈칸을 다시 한번 채워가며 이제까지 암송한 문답을 복습해보세요.

질문 - 그리스도가 하신 일이 그의 백성들에게 어떻게 전달되지?
대답 - ________으로요.

질문 - 성령께서는 뭘 하시지?
대답 - ________을 주세요.

질문 - 믿음이 뭐지?
대답 - 구원을 위해 ____________를 ________하는 거예요.

질문 - 어떻게 참 믿음을 알아볼 수 있지?

대답 - 참 믿음은 ________ ________을 해요.

정답: 성령, 믿음, 그리스도, 의지, 착한, 일

III. 교회는 어떤 곳인가요?

1

예수님을 사랑하는 사람들이에요

교리문답 37

질문 누가 그리스도의 백성이지?

대답 그분의 교회를 이루는 사람들이요.

☑ 오늘의 문답을 암송해요

오늘의 질문과 대답을 세 번 정도 반복해 읽어봅니다. (어른 - 누가 그리스도의 백성이지? 아이 - 그분의 교회를 이루는 사람들이요.) 엄마 아빠가 묻고 아이가 대답하는 과정을 통해 오늘의 교리문답을 암송해봅니다.

☑ 엄마 아빠가 읽어주는 교리문답 해설

교회에 가고 싶은 이유

코로나 바이러스가 시작되고 우리 모두는 오랫동안 교회에 갈 수 없었어. 교회에 가지 못한 오랜 시간 동안 __________는 어땠니? 어서 빨리 코로나 바이러스가 사라져서 교회에 갔으면 좋겠다고 생각했을까? (대답을 들어봅니다.) 엄마는 그랬어. 엄마는 어서 빨리 교회로 돌아가 예전처럼 예배당에서 다른 성도들과 함

1. 예수님을 사랑하는 사람들이에요

께 큰 소리로 찬송도 부르고 기도도 했으면 좋겠다고 생각했어. 온라인 예배를 드린다고 거실 소파에 아빠와 단둘이 앉아 있을 때는 큰 소리로 찬송하고 기도하기가 왠지 쑥스러웠거든. 하지만 네 또래의 친구들은 엄마와는 또 다른 이유로 교회에 돌아가고 싶다고 생각했을 거야. 팬데믹이 한창이었을 때 "엄마, 친구들과 교회에서 숨바꼭질을 하고 싶어요"라고 했던 쓸쓸한 너의 말이 생각난다. 그래, 우리 어린 친구들은 다른 친구들과 신나게 웃고 뛰놀았던 시간이 너무너무 그리웠을 거야.

예수님을 만나러 가요

사실 교회에 가면 재미있고 유익한 것들이 많아. 맛있는 간식을 먹기도 하고 좋은 친구들을 사귈 수도 있지. 새로운 찬양도 배우고 목사님(혹은 전도사님)의 말씀도 들을 수 있어. 교회 선생님이 보여주시는 관심과 사랑도 좋고 서로를 위해 기도하는 시간도 행복해. 하지만 우리가 교회에 가는 가장 큰 이유는 바로 예수님을 만나기 위해서야. 물론 예수님이 교회에만 계신다는 뜻은 아니야. 예수님은 어디에나 계시지. 하지만 우리가 다른 곳에 한눈팔지 않고 예수님만 집중해서 바라볼 수 있는 좋은 장소 중 하나가 바로 교회야. 우리는 교회에서 목사님(혹은 전도사님)의 말씀을 듣고 선생님과 성경 공부를 하면서 예수님을 만날 수 있어!

우리가 바로 교회야

이렇게 교회는 예수님을 만나기 위해 기쁨으로 달려온 사람들이 한데 모이는 곳이야. 하나님이 부르실 때 “네!” 하고 다른 모든 바쁜 일들을 기꺼이 내려놓고 한달음에 달려온 사람들이 모이는 곳이 바로 교회지. 따라서 교회에서 제일 중요한 것은 건물이 아니야. 교회의 크기도 그렇게 중요하지 않지. 대신 그 안에 모인 사람들이 제일 중요해. 왜냐하면 그 사람들을 위하여 예수님이 죽음을 이기셨고 의로움을 주셨고 죄를 가져가 주셨고 성령님을 보내주셨거든.* 예수님을 뜨겁게 사랑하는 바로 그 사람들이 교회야.

☑ 오늘의 문답을 복습해요

아래 빈칸을 채워 오늘의 문답을 완성해봅니다.

질문 - 누가 그리스도의 백성이지?

대답 - 그분의 ________를 이루는 __________이요.

* 27문, 31문, 32문, 33문에서 배운 내용이에요.

☑ 엄마 아빠와 함께 기도해요

하나님, 예수님이 위하여 죽으시고 의로움을 주시고 죄를 없애 주시고 성령을 보내주신 사람들이 바로 교회였군요. 우리가 교회에서 만나는 친구들과 성도들이 하나님께 그만큼 소중하고 귀한 사람들이었네요. 우리를 너무나도 사랑하셔서 교회로 불러 모아주신 하나님 너무너무 감사합니다. 하나님이 사랑하시는 교회를 우리도 이전보다 더 아끼고 사랑할 수 있도록 도와주세요! 예수님의 이름으로 기도합니다, 아멘.

☑ 영어로 읽어보는 교리문답

Question – Who are Christ's people?

Answer – They make up His church.

'Make up'은 '구성하다'를 뜻합니다. 제공된 QR 코드를 따라 함께 읽어보세요.

교리문답 38

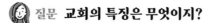

질문 **교회의 특징은 무엇이지?**

대답 **말씀과 훈육과 성례예요.**

☑ 오늘의 문답을 암송해요

오늘의 질문과 대답을 세 번 정도 반복해 읽어봅니다. (어른 - 교회의 특징은 무엇이지? 아이 - 말씀과 훈육과 성례예요.) 엄마 아빠가 묻고 아이가 대답하는 과정을 통해 오늘의 교리문답을 암송해봅니다.

☑ 엄마 아빠가 읽어주는 교리문답 해설

우리의 특징

사람의 생김새를 표현하는 단어들로는 뭐가 있을까? 통통하다. 날씬하다. 키가 크다. 아담하다. 눈이 동그랗다. 코가 오뚝하다. 이가 가지런하다. 머리칼이 새카맣다. 뭐, 이런 표현들이 있을 거야. 성격을 표현하는 단어들도 있는데, 예를 들면 명랑하다, 긍정적이다, 소극적이다, 사랑스럽다, 용감하다, 솔직하다, 책임감이 있다, 다정하다 등이 가능할 거야. 우리는 이런 단어들을 사용해서 우리가 어떤 사람인지를 설명하는데 그걸 '특징'이라고 불러. "내 친구는 키가 커" "나는 용감해." 이렇게 우리 모두에게는 서로 다른 특징들이 있어.

교회의 특징

교회에도 특징이 있어. 교회는 ________가 다니는 학교나 학원, 엄마 아빠가 다니는 회사와는 전혀 다른 곳이야. 그렇다면 교회를 학교나 학원, 회사와 다르게 만드는 것은 무엇일까? 다른 말로, 교회에는 어떤 다른 특징이 있는 걸까? (대답을 기다려봅니다.) 그래 맞아, 바로 교회에는 하나님의 말씀과 훈육, 성례가 있어. 그게 교회의 특징이야. 말씀과 훈육, 성례가 구체적으로 무엇인지는 다시 배우겠지만, 지금은 교회가 하나님의 백성들이 모여 1) 하나님의 말씀을 듣고, 2) 죄로부터 보호를 받고, 3) 하나님의 약속을 함께 기억하는 곳이라고 생각하는 것만으로 충분해. 교회는 정말로 특별한 곳이야!

☑ 오늘의 문답을 복습해요

아래 빈칸을 채워 오늘의 문답을 완성해봅니다.

질문 - 교회의 특징은 무엇이지?

대답 - ________과 ________과 ________예요.

☑ 엄마 아빠와 함께 기도해요

하나님, 교회가 특별한 곳임을 알게 해주셔서 감사합니다. 교회는 우리가 다니는 학교나 학원과도 다르고, 엄마 아빠가 다니시는 회사와도 다른 곳인데, 교회가 어떻게 다른지, 왜 다른지를 생각해볼 수 있는 기회를 주셔서 감사합니다. 앞으로 공부할 내용을 통해 교회를 더 잘 이해하고 더 많이 사랑하는 우리가 될 수 있도록 도와주세요. 예수님의 이름으로 기도합니다, 아멘.

☑ 영어로 읽어보는 교리문답

Question - What are the traits of His church?
Answer - The Word, discipline, and sacraments.

'Trait'는 성격이나 독특한 성질을 뜻하는 단어입니다. 제공된 QR 코드를 따라 함께 읽어보세요.

교리문답 39

질문 **어떻게 말씀이 교회의 특징이 되지?**

대답 **하나님의 모든 말씀이 가르쳐져서요.**

☑ 오늘의 문답을 암송해요

오늘의 질문과 대답을 세 번 정도 반복해 읽어봅니다. (어른 - 어떻게 말씀이 교회의 특징이 되지? 아이 - 하나님의 모든 말씀이 가르쳐져서요.) 엄마 아빠가 묻고 아이가 대답하는 과정을 통해 오늘의 교리문답을 암송해봅니다.

☑ 엄마 아빠가 읽어주는 교리문답 해설

가장 좋아하는 책

__________는 어떤 장르의 책을 제일 좋아하더라? (대답을 기다려봅니다.) 이제 어린 동생들이 보는 그림책은 시시하다고 느끼는 것 같아. 하지만 만화책은 여전히 좋아하지. 그 외에는 너와 비슷한 나이의 탐정이나 스파이가 등장하는 소설들을 흥미롭게 읽는 것 같고 또 네가 즐겨하는 게임의 배경이나 캐릭터들이 등

장하는 소설들도 즐겨 읽는 것 같아. 책을 통해 우리는 직접 경험해볼 수 없는 다른 세상을 경험하고 그 안에서 새로운 사람들을 만나 서로 힘을 합쳐 우리 앞에 닥친 위기를 극복하지. 요즘은 영상이 대세라고는 하지만 엄마는 책을 통해 혼자서 조용히 만나는 세상이 더 반갑고 행복해. 엄마가 너처럼 자그마할 때부터 책은 엄마의 좋은 선생님이었고 다정한 친구였어. 엄마는 __________도 책을 사랑하는 아이로 커가기를 바라.

성경은 어떤 책인가요?

엄마가 제일 좋아하는 책은 하나님의 말씀이 담긴 성경이야. 엄마가 성경을 제일 좋아하는 이유를 어떤 작가는 이렇게 설명했어. 한번 들어볼래? "성경은 지루한 규칙이나 멋들어진 영웅들에 대한 책이 아니에요. 성경은 이야기책이에요. 잃어버린 보물을 찾기 위해 길고 먼 여행을 불사한 용감한 청년의 모험 이야기예요. 영원한 위험으로부터 사랑하는 사람을 구출해내기 위해 편안한 궁궐과 왕좌를 버린 멋진 왕자의 사랑 이야기예요. 하지만 이 이야기의 백미는 이 이야기가 실제로 일어난 일이라는 데 있어요. 우리가 어릴 적 수도 없이 들었던 여러 동화의 실사판이라고나 할까요? 성경에는 많은 이야기가 기록되어 있지만 사실 이 모든 이야기는 우리에게 단 하나의 이야기를 들려준답니다. 바로 하나님이 우리를 얼마나 사랑하셨는지, 그리고 우리를 어떻게 구원하셨는지에 대한 이야기예요."[*] 그래, 맞아, 성경은 우리를 너무나도 사랑하셔서 영광스러운 하늘을 버리고 낮고 초라한 이 땅에 오신 예수님에 대한 이야기이고 우리가 그 이야기를 귀 기울여 들을 때 놀라운 일이 일어나지.

교회는 하나님의 말씀을 가르치는 곳이에요

하나님의 말씀을 들을 때 어떤 놀라운 일이 일어날까? 로마서 10:17을 한번 같이 읽어볼까? "그러므로 믿음은 들음에서 나며 들음은 그리스도의 말씀으로 말미암았느니라." 그래, 맞아, 우리가 하나님의 말씀을 들을 때 우리 마음에 믿음이 생겨. 하나님은 우리가 하나님의 말씀을 귀 기울여 들을 때 그 말씀을 사용하셔서 우리의 마음을 만져주시는데, 우리의 죄가 얼마나 크고 흉악한지, 하지만 예수님의 보혈이 얼마나 완벽하게 우리의 모든 죄를 덮어 주시는지 알게 하시지. 하나님이 말씀을 통해 우리의 마음을 만져주실 때 우리는 세상이 줄 수 없는 기쁨과 평안을 느끼고, 우리의 믿음은 더 튼튼해져.[**] 교회는 그런 놀라운 일이 매

* Sally Lloyd-Jones, *The Jesus Storybook Bible* (Grand Rapids, Mi: ZonderKidz, 2007), 17의 의역입니다

** 웨스트민스터 소요리문답 89: 하나님의 성령께서는 말씀을 읽는 것, 특히 말씀을 설교하는 것을 믿음을 통해 구원에 이르도록 죄인들을 깨닫게 하고 돌이키는 데에, 또 거룩함과 평안함 가운데 그들을 굳게 세우시는 데에 효과적인 수단으로 삼으십니다.

주일 일어나는 곳이야. 왜냐하면 교회는 하나님의 말씀을 가르치는 곳이거든!

☑ 오늘의 문답을 복습해요

아래 빈칸을 채워 오늘의 문답을 완성해봅니다.

질문 - 어떻게 말씀이 교회의 특징이 되지?
대답 - 하나님의 모든 ________이 가르쳐져서요.

☑ 엄마 아빠와 함께 기도해요

하나님, 우리가 매 주일 교회에서 하나님의 말씀을 들을 수 있도록 해주셔서 감사합니다. 우리가 하나님의 말씀을 들을 때 언제나 마음을 잘 준비하고 귀를 쫑긋 기울여 듣게 해주시고 듣고 배운 말씀을 잘 실천할 수 있도록 해주세요. 우리 교회에서 말씀을 가르쳐주시는 목사님, 전도사님 들을 축복해주셔서 하나님의 말씀을 잘 가르치실 수 있도록 도와주세요. 예수님의 이름으로 기도합니다, 아멘.

☑ 영어로 읽어보는 교리문답

Question – How is the Word a trait of His church?

Answer – All God's Word is preached.

제공된 QR 코드를 따라 함께 읽어보세요.

교리문답 40

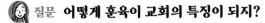

질문 **어떻게 훈육이 교회의 특징이 되지?**

대답 **하나님의 백성들이 보호받아서요.**

☑ 오늘의 문답을 암송해요

질문과 대답을 세 번 정도 반복해 읽어봅니다. (어른 - 어떻게 훈육이 교회의 특징이 되지? 아이 - 하나님의 백성들이 보호받아서요.) 엄마 아빠가 묻고 아이가 대답하는 과정을 통해 오늘의 교리문답을 암송해봅니다.

☑ 엄마 아빠가 읽어주는 교리문답 해설

어, 위험해!

엄마 아빠가 되어 아이를 키우는 일은 쉬운 일일까, 아니면 어려운 일일까? (대답을 들어봅니다.) 너무 뻔한 질문이었나? 엄마 아빠가 되어 아이를 키우는 일은 정말로 쉽지 않은 일이야. (하지만 어려움보다 기쁨과 행복이 훨씬 더 큰 일이지.) 왜냐하면 아이들은 언제든 위험에 빠질 수 있기 때문이고 엄마 아빠의 제일 큰 의무는 아이들이 위험에 빠지지 않도록 보호하는 거야. 예를 들어볼까? 아이들이 기어 다니기 시작할 때는 바닥에서 이상한 것을 주워 먹으려 하기도 하고 걷고 뛰기 시작할 때는 차가 달려오는 줄도 모르고 길을 건너려고 할 때도 있어. 조금 더 커서 어린이집을 다니고 놀이터에서 다른 친구들과 어울려 놀기 시작할 때는 혹시 화가 난다고 다른 친구들을 밀치거나 때리지 않는지도 잘 살펴봐야 해. 그때보다 훨씬 큰 지금은 어떨까? 초등학교에 들어간 이후에도 아이를 보호하기 위한 엄마 아빠의 노력은 멈추지 않아. 혹시 학교에서 ________를 괴롭히는 친구는 없는지, 스마트기기는 적당한 시간만큼만 사용하고 있는지 관심을 갖고 잘 지도해야 해. 아이를 안전하게 보호하기 위한 엄마 아빠의 노력은 정말로 끝이 없어.

옳고 그른 것을 배워요

어린아이가 바닥에서 이상한 것을 주워 먹을 때 가만두고 보기만 하는 엄마는 없어. 어린아이가 차도를 향해 돌진해 뛰어갈 때 가만히 지켜보기만 하는 아빠도 없지. 아이가 마트에서 지나친 생떼를 부린다거나, 놀이터에서 다른 아이를 밀치고 때린다면, 엄마 아빠는 그냥 넘어가지 않을 거고, 학교 폭력이나 스마트기기 중독 문제도 마찬가지야. 이런 문제들은 너의 안전이나 목숨을 위협할 수 있고 또 지금 잘 배우지 않으면 나중에 다른 사람들과 평화롭게 어울려 살아가지 못하게 될 수도 있어. 훈육은 이러한 상황에서 엄마 아빠가 "안 돼"라고 말해주는 거야. 그리고 "이렇게 하는 것이 더 좋겠어"라고 가르쳐주는 거지. 훈육은 옳고 그른 것, 가능하고 가능하지 않은 것을 배우는 거야.* 우리 모두는 훈육이 필요해.

하나님은 우리를 보호해주세요

하나님도 우리를 훈육해주시는데 바로 우리를 보호해주시기 위해서야. 우리는 어린아이들처럼 우리 자신을 위험에 빠뜨리기도 하고 다른 사람들에게 해를 입히기도 해. 그래서 우리에게도 "안 돼"라고 말씀해주시는 하나님의 훈육이 필요해. "그것보다는 이렇게 하는 것이 더 좋겠어"라고 가르쳐주시는 하나님의 훈육 말이야. 하나님은 교회를 통해 그렇게 해주시지. 교회를 통해 우리는 무엇이 옳고 그른지, 무엇이 가능하고 가능하지 않은지를 배우고, 잘못된 마음, 잘못된 행동을 했을 때는 서로를 통해 자신을 돌아보고 잘못을 뉘우치게 돼. 교회는 이렇게 하나님의 훈육이 이루어지는 곳이야!

* 오은영, 『못 참는 아이 욱하는 부모』(KOREA.COM, 2016), 220, 222.

☑ 오늘의 문답을 복습해요

아래 빈칸을 채워 오늘의 문답을 완성해봅니다.

질문 - 어떻게 훈육이 교회의 특징이 되지?

대답 - 하나님의 백성들이 __________받아서요.

☑ 엄마 아빠와 함께 기도해요

하나님, 우리가 우리 자신을 위험에 빠뜨리거나 다른 사람들에게 해를 입힐 때 우리를 버려두지 않으시고 훈육해주시고 보호해주시니 감사합니다. 우리가 교회를 통해 무엇이 옳고 그른지, 무엇이 가능하고 가능하지 않은지를 잘 배워갈 수 있도록 해주시고 잘못을 했을 때는 최대한 빨리 뉘우치고 용서를 구하게 해주세요. 예수님의 이름으로 기도합니다, 아멘.

☑ 영어로 읽어보는 교리문답

Question - How is discipline a trait of His church?

Answer - God's people are protected.

제공된 QR 코드를 따라 함께 읽어보세요.

교리문답 41

질문 **성례가 무엇이지?**

대답 **하나님의 약속을 보여줘요.***

오늘의 문답을 암송해요

질문과 대답을 세 번 정도 반복해 읽어봅니다. (어른 - 성례가 무엇이지? 아이 - 하나님의 약속을 보여줘요.) 엄마 아빠가 묻고 아이가 대답하는 과정을 통해 오늘의 교리문답을 암송해봅니다.

엄마 아빠가 읽어주는 교리문답 해설

콜라 폭발 실험

얼마 전 엄마가 재미난 영상을 하나 봤어. 페트병에 담긴 콜라가 엄청난 소리를 내며 마치 폭발하는 화산처럼 하늘 위로 솟구치는 장면이었는데 멘토스라는 캔디를 콜라 페트병 안으로 빠뜨렸

* 원문의 "Signs and seals of God's covenant"는 어린아이들을 위하여 좀 더 쉽게 풀어 번역하였습니다.

기 때문에 일어난 일이었어. 폭발에 대한 설명을 찾아보니까 탄산음료와 멘토스가 만나면 많은 양의 이산화탄소가 순식간에 생겨나고, 그 이산화탄소가 좁은 콜라병 입구를 천천히 빠져나올 수 없어 폭발 현상이 일어난다고 하더라고. 우리 눈으로는 확인이 불가능한 이산화탄소의 존재와 힘을 잘 보여주는 실험이라고 생각해.

하나님의 약속을 보여주세요

가끔 엄마는 그런 생각을 해. "우리가 하나님을 실제로 볼 수 있고 만질 수 있다면 얼마나 좋을까. 그렇다면 하나님을 믿고 사랑하는 것이 더 쉽지 않을까?" 하지만 하나님은 영이시기 때문에 우리는 하나님을 볼 수도, 만질 수도 없어. 그렇다고 해서 하나님이 실제로 계시지 않는다거나 우리 눈에 보이는 다른 것들보다 덜 중요하다는 뜻은 절대로 아니야. 우리 눈에 보이지 않아도 하나님은 정말로 계시고 우리에게 가장 중요한 분이지. 그래도 눈에 보이지 않는 하나님을 믿고 사랑하는 일은 여전히 어려워. 다행히도 하나님은 우리의 이런 어려움을 잘 알고 계셔. 그래서 우리에게 성례를 선물로 주시지. 성례는 보이지 않는 하나님의 약속을 우리에게 (가시적으로) 보여주고, 우리는 교회를 통해 그 예식에 정기적으로 참여할 수도 있어. 그리고 이 과정을 통해 우리의 믿음은 더욱더 튼튼해지지.* 성례에는 두 가지가 있는데 그건 내일 가르쳐줄게!

☑ 오늘의 문답을 복습해요

아래 빈칸을 채워 오늘의 문답을 완성해봅니다.

질문 - 성례가 무엇이지?
대답 - 하나님의 약속을 ______________.

☑ 엄마 아빠와 함께 기도해요

하나님, 우리는 하나님을 눈으로 볼 수도, 손으로 만질 수도 없습니다. 하나님은 우리 눈에 보이지 않는 분이기 때문에 가끔 우리의 믿음은 흔들리고 또 약해집니다. 하지만 하나님은 우리의 이런 어려움을 잘 아시고 공감해주십니다. 하나님의 약속을 분명히 보여주시고 우리의 연약해진 믿음을 다시금 튼튼히 해주시기 위해 주신 성례를 감사한 마음으로 기다리고 또 참여할 수 있도록 도와주세요. 예수님의 이름으로 기도합니다, 아멘.

* 복음 연합, 리디머 장로교회, 『뉴시티 교리문답 해설』, 199.

☑ 영어로 읽어보는 교리문답

Question – What are sacraments?

Answer – They show God's covenant.

제공된 QR 코드를 따라 함께 읽어보세요.

교리문답 42

질문 **성례에는 무엇이 있지?**

대답 **세례와 성찬이요.**

☑ 오늘의 문답을 암송해요

질문과 대답을 세 번 정도 반복해 읽어봅니다. (어른 - 성례에는 무엇이 있지? 아이 - 세례와 성찬이요.) 엄마 아빠가 묻고 아이가 대답하는 과정을 통해 오늘의 교리문답을 암송해봅니다.

☑ 엄마 아빠가 읽어주는 교리문답 해설

특별한 의미를 담아요

이 세상에서 좋은 친구를 만나는 것만큼 우리에게 크고 중요한 축복은 없어. 좋은 친구는 마음을 잘 알아주고, 부족한 부분을 메워주고, 좋은 것이 생기면 나누어 주고 싶은 사람이야. 엄마가 어릴 때 여자 친구들끼리는 서로의 우정을 기념해 선물을 교환하곤 했어. 우정에 관한 좋은 글귀를 적어 책갈피를 만들어 나눠 갖기도 했고, 학교 앞 문구점에서 반지나 팔찌를 사서 함께 나눠

끼기도 했지. 서로의 우정이 변치 않기를 바라는 마음을 담아서 말이야. 엄마와 친구가 교환했던 우정의 물품들은 값싼 물건들이었지만 그 물건에 담긴 의미는 너무나도 특별해서 엄마는 아주 오랫동안 그 물건들을 소중히 간직했어. 하나님도 아주 특별한 의미를 담아 우리에게 성례라는 선물을 주셨어. 성례에는 두 가지가 있는데 바로 세례와 성찬이야.

세례 – 우리 죄를 씻어주세요

세례에 담긴 특별한 의미는 예수님이 우리의 죄를 깨끗이 씻어 주신다는 거야. 매일 저녁 밥을 먹고 더러워진 그릇들을 물로 깨끗이 닦아내는 것처럼, 매일 오후 학교에 다녀온 후 더러워진 손과 발을 물로 깨끗이 씻어내는 것처럼, 예수님은 십자가에서 흘리신 피로 우리의 죄를 깨끗이 씻어주시고 우리를 하나님의 자녀 삼아주시지. 세례는 예수님이 우리의 죄를 씻어주셨고 우리가 예수님 덕분에 하나님의 아들딸이 되었다는 사실을 기억하고 감사하도록 도와줘. __________는 아직 세례를 받지 못했어. 좀 더 자라면 예수님이 너를 위해 십자가에서 죽으셨다는 사실을 온 가족과 교회 앞에서 고백한 후 세례를 받게 될 거야.* 얼마나 기쁘고 행복한 순간일까! 엄마 아빠는 벌써 마음이 설렌다.

* 유아세례를 받았다면 “입교를 하게 될 거야”라고 말해주세요.

성찬 – 우리 영혼을 먹여주세요

성찬에 담겨 있는 특별한 의미는 예수님이 우리의 영원한 양식이 되어주신다는 거야. 지금도 매일 6,200명의 아이들이 밥을 제대로 먹지 못해 죽어간다고 해.* 그러니까 1분에 4명이 넘는 아이들이 영양이 부족해서 죽어간다는 이야기인데, 너무나도 가슴이 아파. 우리가 생명을 유지하고, 특별히 ________와 같은 어린이들이 건강히 자라기 위해서는 필수 영양소가 잘 갖추어진 매일의 양식이 너무나도 중요해. 꼭 필요한 영양소를 공급받지 못한다면 우리는 목숨을 유지할 수가 없어. 유지한다고 해도 건강할 수 없지. 우리의 영혼도 마찬가지야. 우리의 영혼에도 일용할 양식이 꼭 필요한데 예수님이 바로 그 양식이 되어주셔. 성찬을 통해 우리는 예수님의 몸을 상징하는 빵을 나누고 예수님의 피를 상징하는 포도주를 나누지. 교회에서 베푸는 성찬을 통해 우리는 하나님이 우리를 먹이고 돌보시고 영원히 살게 하신다는 사실을 생각하고 감사하게 돼.**

* Accessed 12/23/2021, https://www.fmsc.org/about-us?gclid=CjwKCAiA1uKMBhAGEiwAxzvX9xHko8Goaw2B70yoR_G4UL4K8w2Dcf0uvMTOiWxZ4FPIsAtldSDLmhoCQ-EQAvD_BwE

** 이정규, 『새가족반』, 273.

☑ 오늘의 문답을 복습해요

아래 빈칸을 채워 오늘의 문답을 완성해봅니다.

질문 - 성례에는 무엇이 있지?

대답 - __________와 __________이요.

☑ 엄마 아빠와 함께 기도해요

하나님, 우리의 죄를 용서해주시고 우리의 영혼을 사랑으로 돌봐주셔서 감사합니다. 우리는 이 사실들을 잊고 실망하고 낙심하기도 합니다. 그런 우리를 위하여 성례라는 선물을 주신 하나님, 감사합니다. 교회를 통해 주시는 세례와 성찬으로 하나님을 더 생각하고 하나님께 더 감사하는 우리가 될 수 있도록 도와주세요. 예수님의 이름으로 기도합니다, 아멘.

☑ 영어로 읽어보는 교리문답

Question - What sacraments are there?

Answer - Baptism and the Lord's supper.

제공된 QR 코드를 따라 함께 읽어보세요.

교리문답 43

질문 **누가 교회의 머리이시지?**

대답 **예수 그리스도요.**

☑ 오늘의 문답을 암송해요

질문과 대답을 세 번 정도 반복해 읽어봅니다. (어른 - 누가 교회의 머리이시지? 아이 - 예수 그리스도요.) 엄마 아빠가 묻고 아이가 대답하는 과정을 통해 오늘의 교리문답을 암송해봅니다.

☑ 엄마 아빠가 읽어주는 교리문답 해설

내 것과 네 것

아이들이 어릴 때는 장난감을 가지고 서로 많이 다퉈. 형제자매가 있는 집이나 어린이집에서는 자주 일어나는 일이야. "이 장난감은 내 거야." "아니야, 이 장난감은 내 거야." "내가 먼저 가지고 놀고 있었어." 이렇게 소리를 지르고 싸우다 보면 즐거워야 할 놀이 시간이 서러운 눈물로 마무리되기 십상이지. 사실 이럴 때는 엄마 아빠나 선생님의 등장이 필요해. 어른이 나서서 아이들이 동시에 붙잡고 있는 장난감이 누구의 것인지를 정해주면 도움이 되지. 집이라면 장난감마다 이름표를 붙일 수도 있겠다. "이건 ________의 장난감이에요"라고 말이야. 장난감의 주인이 정해졌다면 이제는 그 주인의 허락을 받아야 다른 사람이 그 장난감을 가지고 놀 수 있어. 다른 사람이 "내가 가지고 놀아도 될까?"라고 말하고 장난감 주인이 "그래, 좋아"라고 대답해야 해. 오늘은 화가 나서 빌려주지 않을 수도 있어. 그럼 내일 다시 물어봐야 해. 주인의 허락 없이 장난감을 뺏는 것은 옳지 못한 일이니까.*

교회의 주인은 누구인가요?

그렇다면 교회의 주인은 누구일까? (아이의 대답을 들어봅니다.) 어떤 사람은 목사님이 교회의 주인이라고 말해. 목사님은 교회에 늘 계시고 예배 때마다 가장 긴 시간을 앞에서 말씀하는 분이니까. 장로님이 교회의 주인이라고 말하는 사람도 있어. 그 장로님은 우리 교회를 가장 먼저 다닌 분이기도 하고 지금 우리가 예배를 드리는 교회의 건물을 지은 분이라는 이야기도 들었거든. 또 어떤 사람은 교인들이 교회의 주인이라고 말하기도 해. 교인들이 모여서 교회의 중요한 결정을 위해 투표하는 것을 본 적이 있

* 오은영, 『어떻게 말해줘야 할까』(김영사, 2020), 97-98.

거든. 교회는 누구의 것일까? (대답을 기다려봅니다.) 그래, 교회는 목사님의 것도, 장로님의 것도, 교인들의 것도 아니야. 교회는 예수님의 것이야. 우리가 교회 안에서 서로 다투고 서로의 마음을 아프게 한다면 하나님은 우리 교회에 오셔서 '예수 그리스도'라는 이름표를 붙여주실지도 몰라. 하나님이 정한 교회의 주인은 예수님뿐이시거든.

하나님이 사랑하시는 교회

그래서 교회는 특별한 곳이야. 예수님이 주인이시고, 예수님을 사랑하는 사람들이 하나님의 부르심에 큰 소리로 "네" 하고 모인 곳이거든. 교회에서 우리는 하나님의 말씀에 귀를 기울이고 하나님의 보호를 느끼고 성례를 통해 우리의 연약한 믿음을 다시 한번 굳세게 할 수 있어.* 하나님은 교회를 사랑하시고 그것만으로도 우리가 교회를 사랑할 이유는 충분해! 교회가 완벽해 보이지 않는 순간에도 말이야.

☑ 오늘의 문답을 복습해요

아래 빈칸을 채워 오늘의 문답을 완성해봅니다.

* 38문

질문 - 누가 교회의 머리이시지?

대답 - ________ ____________요.

☑ 엄마 아빠와 함께 기도해요

하나님, 교회의 주인이 예수님뿐이시라는 사실을 깨닫게 해주셔서 감사합니다. 우리가 마치 교회의 주인인 것처럼 자기 목소리를 높이고 서로 싸우지 않을 수 있도록 도와주세요. 하나님이 부르실 때 큰 소리로 "네" 하고 모인 다른 사람들과 함께 교회의 주인 되신 예수님을 더 많이 사랑하고 잘 섬길 수 있도록 도와주세요. 예수님의 이름으로 기도합니다, 아멘.

☑ 영어로 읽어보는 교리문답

Question - Who is the Head of the Church?

Answer - Jesus Christ.

제공된 QR 코드를 따라 함께 읽어보세요.

교리문답 44

질문 그리스도는 어떤 직분을 세우셨지?

대답 목사와 장로*와 집사예요.

☑ 오늘의 문답을 암송해요

오늘의 교리문답을 세 번 정도 반복해 읽어봅니다. (어른 - 그리스도는 어떤 직분을 세우셨지? 아이 - 목사와 장로와 집사예요.) 엄마 아빠가 묻고 아이가 대답하는 과정을 통해 오늘의 교리문답 역시 암송해봅니다.

☑ 엄마 아빠가 읽어주는 교리문답 해설

충성!

집안일에는 어떤 것들이 있을까? 식사를 준비하거나 설거지, 청소, 빨래, 쓰레기를 정리하고 우편물을 꺼내 오는 것들을 모두 집

* 원문에 등장한 'overseer'는 현대 교회에 보다 익숙한 '목사와 장로'로 번역했습니다.

안일이라고 할 수 있어. 엄마 혼자 이 모든 일을 다 할 수는 없어. 아빠도, ________도 집안일은 함께 해야 해. 이곳은 우리가 함께 사는 집이고 우리는 한 가족이니까. 그렇다면 ________가 도울 수 있는 집안일에는 어떤 것들이 있을까? (아이의 대답을 들어봅니다.) 맞아, 장난감 정돈과 책상을 정리하는 일, 벗은 옷은 제자리에 치워 두고 식탁 위에 수저를 올리거나 엄마 아빠를 도와 쓰레기를 정리하는 일 정도는 ________와 같은 어린아이들도 충분히 할 수 있어. 그리고 우리가 가족회의를 통해 각자의 역할을 정했다면, 우리 모두는 "충성" 하면서 맡겨진 책임을 열심히 수행해야 해. 만일 식사를 맡은 엄마가 요리를 하지 않거나, 청소를 맡은 아빠가 청소기를 돌리지 않고, 장난감 정돈을 맡은 ________가 장난감을 제자리에 두지 않는다면 우리 가족은 제때 밥도 먹지 못하고 지저분한 집에서 쓰레기와 뒹굴며 살아야 할지도 몰라. 아, 생각만 해도 끔찍하다.

교회의 일

교회도 마찬가지야. 교회가 건강하고 행복하기 위해서는 우리가 모두 각자 맡은 역할에 큰 소리로 "충성" 하면서 최선을 다해야 해. 자, 그렇다면 교회의 주인이신 예수님은 누구에게 어떤 역할을 주셨을까? (아이의 대답을 들어봅니다.) 그래, 맞아, 예수님은 목사님과 장로님, 집사님을 세우셔서 교회를 섬기도록 하셨어. 목사님은 일주일 내내 하나님의 말씀을 공부하고 그렇게 열심히 공부한 내용을 주일 예배를 통해 우리에게 들려주셔. 그리고 장로님은 목사님이 가르쳐주시는 말씀에 따라 우리 교회에 나오는 한 사람 한 사람의 삶을 돌봐주시지. 좀 더 큰 관심이 필요한 사람이 생기면 집으로 직접 방문을 하기도 하는데 우리는 그걸 심방이라고 불러. 집사님은 교회 안팎에 있는 가난한 사람들을 돕는 일을 맡는데, 어려운 사람들을 도와주려면 돈이 필요하고 그래서 집사님은 사랑과 지혜가 많은 분이어야 해. 돈을 잘 사용하는 일은 참 어렵거든.*

우리의 일

아직 어리지만 ________가 엄마 아빠를 도와 장난감을 정돈하고 식탁 위에 수저를 놓고 쓰레기를 정리하는 것처럼 교회에서도 할 수 있는 일들이 있을 거야. 어떤 일이 있을까? (아이의 대답을 들어봅니다.) 그래, 멋진 생각이야. 가장 먼저는 예배 시간에 목사님(혹은 전도사님)이 하나님의 말씀을 가르쳐주실 때 귀를 쫑긋 세우고 잘 들어야 해. 가끔은 다른 생각이 들 때도 있겠지만 일주일 내내 ________와 친구들을 위해 기도하고 준비하신 말씀을 최대한 집중해서 잘 듣는 것이 중요해. 또 예배에 빠진 친구

* 이성호, 『직분을 알면 교회가 보인다』(좋은씨앗, 2018), 50.

가 있다면 '혹시 무슨 일이 있는 건 아닐까?' 궁금해할 수 있어. 교회에서 돌아온 후 연락을 해볼 수도 있겠다. 오늘 나를 기억해 준 친구가 있었다는 이야기를 들으면 그 친구의 기분이 무척 좋을 거야. 또 학교에서 어려운 일을 당한 친구가 있다면 모른 체 하지 않고 도와줄 수도 있어. 점심을 혼자 먹는 친구가 있다면 함께 옆자리에 앉아주는 것처럼 말이야. 이렇게 우리가 모두 함께 예수님의 교회를 섬길 수 있어.

☑ 오늘의 문답을 복습해요

아래 빈칸을 채워 오늘의 문답을 완성해봅니다.

질문 - 그리스도는 어떤 직분을 세우셨지?
대답 - ________와 ________와 ________예요.

☑ 엄마 아빠와 함께 기도해요

하나님, 예수님의 교회가 건강하고 행복할 수 있도록 교회 여러 어른에게 중요한 책임을 나누어 맡겨주신 것을 감사합니다. 우리가 교회의 목사님과 장로님, 집사님 들께 늘 감사하고 이분들을 위하여 기도하며 응원할 수 있도록 도와주세요. 그리고 아직은 어리지만 우리도 우리가 있는 자리에서 예수님의 교회를 더 사랑하고 잘 섬길 수 있도록 지혜를 주세요. 예수님의 이름으로 기도합니다, 아멘.

☑ 영어로 읽어보는 교리문답

Question – What offices has Christ appointed?

Answer – Pastors, elders* and deacons.

제공된 QR 코드를 따라 함께 읽어보세요.

☑ 이번 장을 마무리해요

이번 장의 문답들은 우리 신앙에서 가장 가시적이고 현실적인 내용을 다루고 있습니다. 많은 그리스도인에게 애증의 대상이 되어버린, 그리고 대다수 사람에게 조롱의 대상이 되어버린 교회를 우리는 어떻게 이해해야 할까요. 이번 장의 문답은 교회가 그리스도의 백성임을 천명하는 것으로 시작합니다. 이곳에 등장

* ‘Overseer’를 현대 교회에서 보다 많이 사용하는 ‘pastor, elder’로 대체했습니다.

하는 '그리스도의 백성'이라는 표현은 앞서 여러 번 등장한 바 있습니다. 예수님은 이들을 위하여 죽음을 이기셨고(27문), 이들에게 자신의 의로우심을 주셨으며(31문), 이들의 죄를 대신 가져가 주셨습니다(32문). 또한 이들에게 성령을 주시고(32문), 이들이 그리스도의 몸된 교회를 구성하도록 하십니다(37문).

이들이 모인 교회의 특징, 그러니까 교회를 교회답게 하는 것은 세 가지인데 바로 말씀과 훈육과 성례입니다. 교회에서는 가장 먼저 하나님의 모든 말씀이 가르쳐져야 하고, 훈육을 통해 하나님의 백성이 보호를 받아야 하며, 세례와 성찬인 성례를 통해 서로의 믿음을 북돋아야 합니다. 하지만 이 같은 교회의 특징은 너무나도 빈번히 무시되고 많은 경우 우리는 교회를 세상과 동일한 기준, 예를 들어 크기나 인기, 권력으로 판단합니다. 정말로 안타까운 일입니다. 하지만 교회의 유일한 주인은 예수 그리스도이시고, 모든 사람은 그분의 리더십 아래 각자의 직분과 역할을 수행할 뿐입니다. 문답이 소개하는 직분은 목사와 장로, 집사인데, 직분과 역할 역시 교회 안에서 오해되고 잘못 실천되는 경우가 많지요. 문답을 통해 교회를 향한 하나님의 뜻을 다시 한 번 상기할 수 있고 우리의 믿음이 북돋아질 수 있기를 기도합니다. 아래의 빈칸을 채워가며 이제까지 암송한 문답을 다시 한번 복습해보세요.

질문 - 누가 그리스도의 백성이지?

대답 - 그분의 ________를 이루는 ________이요.

질문 - 교회의 특징은 무엇이지?

대답 - ________과 ________과 ________예요.

질문 - 어떻게 말씀이 교회의 특징이 되지?

대답 - 하나님의 모든 ________이 가르쳐져서요.

질문 - 어떻게 훈육이 교회의 특징이 되지?

대답 - 하나님의 백성들이 ________ 받아서요.

질문 - 성례가 무엇이지?

대답 - 하나님의 약속을 ________________.

질문 - 성례에는 무엇이 있지?

대답 - ________와 ________이요.

질문 - 누가 교회의 머리이시지?

대답 - ________ ____________요.

질문 - 그리스도는 어떤 직분을 세우셨지?

대답 - _______와 _______와 _______예요.

정답: 교회, 사람들, 말씀, 훈육, 성례, 말씀, 보호, 보여줘요, 세례, 성찬, 예수, 그리스도, 목사, 장로, 집사

2

아직은 완벽하지 않아요

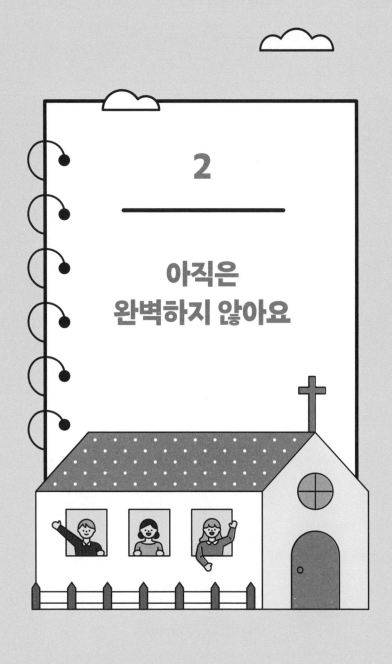

질문 **교회는 완벽하니?**

대답 **완벽해지는 중이에요.**

☑ 오늘의 문답을 암송해요

오늘의 교리문답을 세 번 정도 반복해 읽어봅니다. (어른 - 교회는 완벽하니? 아이 - 완벽해지는 중이에요.) 엄마 아빠가 묻고 아이가 대답하는 과정을 통해 오늘의 교리문답 역시 암송해봅니다.

☑ 엄마 아빠가 읽어주는 교리문답 해설

완벽하지 않아요

이 세상에 완벽한 사람이 있을까? (아이의 대답을 기다려봅니다.) 그래, 완벽한 사람은 없어. 완벽한 듯 보이는 사람에게도 부족한 것이 있고 우리처럼 평범한 사람들은 더 말할 것이 없지. 누구든 다른 사람보다 잘하는 것이 있으면 못하는 것도 있고, 잘난 부분이 있으면 못난 부분도 있어. 우린 상대방이 잘하는 것은 칭찬해주고 못하는 것은 이해해주어야 해. 상대방의 예쁜 부분은 감탄해주고 못난 부분은 따뜻하게 품어줘야 해. 그렇지 않으면 우린 쉽게 못된 말을 하고 서로의 마음에 큰 상처를 주고 말 거야. 하지만 생각해보니 엄마 아빠도 우리 ________에게 그렇게 하지 못했던 적이 많은 것 같아. ________가 잘한 일은 하나도 몰라주고 잘못한 몇 가지 일만 콕콕 집어 나무라고 지적한 적이 많았지. 정말로 미안해. 엄마 아빠도 부모가 처음이라 완벽하지 않지?

교회도 완벽하지 않아요

교회도 마찬가지야. 완벽하지 않아. 사실 교회를 이루는 사람들이 완벽하지 않으니 당연한 일이지. 우리는 교회에서 다른 친구들과 다투기도 하고 싸우기도 해. 서로에게 나쁜 말을 할 때도 있고 거짓말로 상대방을 속일 때도 있어. 교회의 물건을 함부로 다루거나 심지어는 교회의 물건을 몰래 가져가는 사람들도 있지. 안타깝지만 사실이야. 만일 "교회는 모두가 서로를 아껴주고 사랑하는 곳이야. 모두 친절하고 예쁜 말만 해주지. 교회에선 모두가 서로를 위해 기꺼이 희생해"라고 생각하는 사람이 있다면 금방 실망하게 될 거야. 왜냐하면 교회는 완벽하지 않은 사람들이 모인 완벽하지 않은 곳이거든.

하나님의 계획은 완벽해요

하지만 교회를 향한 하나님의 계획은 완벽해. 왜냐하면 하나님이 완벽한 분이시니까. 하나님의 완벽한 계획은 지금 이 순간에도 한 치의 오차 없이 이루어지고 있고 교회는 하나님의 계획을 따라 서서히 완벽해지고 있는 중이야. 지금은 우리가 다른 친구들과 서로 다투거나 싸우고 또 미워할 때도 있지만, 우리는 그것이 잘못된 행동과 마음이라는 것을 잘 알아. 그래서 그런 행동을 하거나 그런 마음이 생길 때 부끄러움*을 느끼지. 가끔은 벌 받는 것이 무서워 거짓말을 할 때도 있고 (정말로 그러면 안 되지만) 질투나 욕심 때문에 다른 사람을 미워하거나 다른 사람의 물건에 손을 댈 수도 있어. 이럴 때도 우린 부끄러움을 느끼는데 이건 성령님이 우리에게 주시는 마음이야. 다행히도 이 부끄러움 때문에 우리는 잘못을 고백하고 용서를 구하고 다음번에는 같은 잘못을 저지르지 않기 위해 노력하게 돼. 이러한 과정을 통해 하나님은 우리를, 그리고 교회를 완벽하게 만들어가고 계신 거야.**

☑ 오늘의 문답을 복습해요

아래 빈칸을 채워 오늘의 문답을 완성해봅니다.

* 이정규, 『새가족반』, 278-279.

** 복음 연합, 리디머 장로교회, 『뉴시티 교리문답 해설』, 153.

질문 - 교회는 완벽하니?

대답 - ________해지는 ________이에요.

☑ 엄마 아빠와 함께 기도해요

하나님, 우리는 완벽하지 않지만, 그럼에도 불구하고 하나님은 우리를 사랑하십니다. 우리가 하나님의 말씀을 어기고 잘못을 저지를 때도 우리를 그냥 내버려 두지 않으시고 성령님을 통해 우리에게 부끄러운 마음을 주셔서 하나님을 찾도록 해주십니다. 정말로 감사해요. 우리가 매일, 매 순간 하나님을 더 닮아갈 수 있도록 도와주세요. 예수님의 이름으로 기도합니다, 아멘.

☑ 영어로 읽어보는 교리문답

Question - Is His church perfect?

Answer - It is being perfected.

제공된 QR 코드를 따라 함께 읽어보세요.

교리문답 46

질문 **언제 완벽해지지?**

대답 **마지막 부활 때요.**

☑ 오늘의 문답을 암송해요

오늘의 교리문답을 세 번 정도 반복해 읽어봅니다. (어른 - 언제 완벽해지지? 아이 - 마지막 부활 때요.) 엄마 아빠가 묻고 아이가 대답하는 과정을 통해 오늘의 교리문답 역시 암송해봅니다.

☑ 엄마 아빠가 읽어주는 교리문답 해설

우리는 죽으면 어떻게 되나요?

사람이 죽으면 어떻게 될까? 보통 책이나 영화를 보면 사람이 죽은 후에는 아예 사라져 없어진다고 생각하는 사람들이 대부분인 것 같아. 아니면 영혼은 남아서 귀신이 되고 귀신은 우리가 살고 있는 이 세상 어딘가를 지금도 떠돌아다니고 있다고 생각하는 사람들도 있지. 우리가 사랑했던 가족들이나 친구 중에도 이 세상을 떠난 사람들이 있는데, 그 사람들은 지금 어떻게 되었을까?

(실제로 떠난 사람들을 기억해보고 아이의 대답을 들어봅니다.)

우리는 영원히 살아요

우리 중 누구도 죽음 이후에 어떠한 일이 일어나는지 정확하게 설명할 수 없어. 죽었다가 우리의 곁으로 다시 살아 돌아온 사람은 한 명도 없거든. 그래서 상상할 뿐이지. 하지만 성경은 우리가 죽은 이후에도 영원히 살게 된다고 이야기해. 죽고 난 이후, 비록 우리의 몸은 잠시 무덤에 누워 있을지라도(성경은 이것을 편안하게 쉰다고 표현해.*) 결국 우리의 몸도 언젠가는 다시 살아나 우리의 영혼과 함께 영원히 살게 된다는 거야. 기억해, 우리는 모두 영원히 살아. 우리 모두에게 죽음은 또 다른 시작일 뿐이야.

예수님처럼 우리도

__________가 잘 알고 있는 것처럼 예수님은 십자가에서 죽으시고 3일 만에 다시 부활하셨어. 부활하신 예수님은 여러 차례 제자들에게 나타나셨는데 돌아가시기 전과 별로 다르지 않은 모습이었던 것 같아. 돌아가신 후 다시 살아나신 예수님을 본 제자들이 깜짝 놀라기는 했지만 그건 예수님의 모습이 귀신(?)처럼 보였기 때문이 아니었거든. 손과 발목, 옆구리에 남아 있던 못 자

* 웨스트민스터 소요리문답 37.

국과 창 자국을 제외한다면 예수님은 예전과 별로 다르지 않은 모습으로 제자들에게 나타나셨고 함께 밥을 먹기도 하셨지. 그리고 성경은 역사의 끝에 예수님이 이 땅에 다시 오실 때 우리도 예수님처럼 부활하게 될 거라고 약속해.* 예수님의 부활이 우리의 죄가 불러온 죽음에 대한 완벽한 승리였던 것처럼 우리의 부활도 그럴 거야. 마지막 부활의 때가 되면, 그동안 우리가 하나님을 완벽히 사랑하지 못하고 예수님께 완벽히 순종하지 못하도록 방해해온 우리의 뒤틀리고 구부러진 마음이 반듯하게 펴질 거야. 우리는 마침내 이전과는 다른 완전히 새로워진 마음으로 하나님을 사랑할 수 있게 될 거야.** 봐, 죽음은 전혀 두려워할 필요가 없어.

☑ 오늘의 문답을 복습해요

아래 빈칸을 채워 오늘의 문답을 완성해봅니다.

질문 - 언제 완벽해지지?
대답 - ________ ________때요.

* 웨스트민스터 소요리문답 38; 복음 연합, 리디머 장로교회, 『뉴시티 교리문답 해설』, 233.

** 황희상, 『특강 소요리문답 상』, 372.

☑ 엄마 아빠와 함께 기도해요

하나님, 죽음이 마지막이 아니라 새로운 시작임을 알게 해주셔서 감사합니다. 이 땅에서의 시간이 다하고 사랑하는 사람들과 안녕을 고해도 결국에는 다시 살아 하나님과 함께 영원을 보낸다는 사실을 들려주셔서 감사합니다. 그때에는 우리의 마음이 더 이상 죄로 구부러지거나 뒤틀리지 않아 새로운 마음으로 하나님을 온전히 사랑할 수 있게 될 텐데, 주님, 하루속히 그 일이 이루어지게 해주세요. 예수님의 이름으로 기도합니다, 아멘.

☑ 영어로 읽어보는 교리문답

Question – When will it be perfect?

Answer – At the resurrection.

제공된 QR 코드를 따라 함께 읽어보세요.

교리문답 47

질문 **마지막 부활 때 무슨 일이 일어나지?**

대답 **그리스도께서 모든 사람의 행위를 심판하세요.**

☑ 오늘의 문답을 암송해요

오늘의 교리문답을 세 번 정도 반복해 읽어봅니다. (어른 - 마지막 부활 때 무슨 일이 일어나지? 아이 - 그리스도께서 모든 사람의 행위를 심판하세요.) 엄마 아빠가 묻고 아이가 대답하는 과정을 통해 오늘의 교리문답 역시 암송해봅니다.

☑ 엄마 아빠가 읽어주는 교리문답 해설

구원자로 오신 예수님

________도 학교(어린이집)에 가지 않고 엄마 아빠도 회사에 가지 않는 휴일이 있지. 친척들이 함께 모여 맛있는 음식을 먹는 설이나 추석 같은 명절도 있고, 어린이들이 주인공이 되어 선물을 받고 이벤트를 즐기는 어린이날도 있어. ________가 가장 좋아하는 휴일은 언제야? (대답을 들어봅니다.) 엄마(아빠)가 가장

좋아하는 휴일은 크리스마스야. 크리스마스의 추운 날씨도 좋고, 고마운 분들을 생각하면서 준비하는 카드나 선물도 좋아. 하지만 무엇보다 좋은 건 우리를 위해 작고 작은 아기의 모습으로 이 땅에 오신 예수님을 묵상하고 축하하는 그날의 의미 때문이지. 2000년 전 예수님은 우리의 '구원자'로 이 땅에 오셨어. 예수님은 우리의 구원자가 되시기 위해, 다른 말로 우리를 대신해 십자가에서 죽으시기 위해 우리와 같은 사람의 모습으로 이 땅에 내려오신 거야.

심판자로 다시 오실 예수님

예수님은 죽음에서 부활하시고 하늘로 올라가시면서 제자들에게 다시 오시겠다고 약속하셨어. 우리 그리스도인들(예수님의 제자들)은 예수님이 어서 다시 오시기를 기다리는 사람들이기도 해. 그런데 예수님은 어떠한 모습으로 다시 오실까? 이전처럼 작고 작은 아기의 모습으로 오실까? 아니면 십자가에서 죽으신 참혹한 모습으로 다시 오실까? 그것도 아니면 하늘로 올라가셨던 영광스러운 모습 그대로 다시 오실까? (아이의 대답을 들어봅니다.) 맞아, 예수님은 하늘로 올라가셨던 영광스러운 모습 그대로 다시 오실 거야. 그런데 이것보다 더 중요한 것은 그 부활의 마지막 때 예수님이 심판자로서 이 땅에 다시 오신다는 사실이야. 마지막 때 예수님은 판사의 역할을 하실 거야. ________도 알고 있는 것처럼 법정에는 죄를 지어 재판을 받는 사람이 있는데 우리는 그 사람을 피고라고 불러. 그 피고의 잘못을 일일이 지적하고 마땅한 형벌을 요구하는 사람을 검사라고 부르고, 검사의 반대편에서 피고에게 죄가 없다거나 피고의 형벌을 낮추어 달라고 요구하는 사람을 변호사라고 부르지. 판사는 이 모든 것을 감안해 피고에게 죄가 있는지 없는지, 있다면 어떠한 벌을 내리는 것이 옳은지를 결정하는 사람이야. 그리고 마지막 부활의 때 예수님은 바로 그 역할을 수행해주실 거야.

모든 행동을 다요?

만일 "예수님이 심판자로서 오신다고요? 와, 대박이에요. 예수님은 모든 잘못을 다 넘어가 주실 것 같거든요. 사랑이 많으시잖아요"라고 생각한다면 오산이야.* 마지막 부활의 때 다시 오실 예수님은 우리가 지은 모든 죄에 대해 공의로운 분노를 보이시고 공정한 심판을 내리실 테니까.** 엄마(아빠)는 예수님이 엄마(아빠)의 모든 행동을 다 알고 계신다는 사실이 너무나도 부끄러워. 우리는 자신이 잘한 것만 기억하는 편이고 설사 잘못한 것들을 떠올린다고 해도 그중에 괜찮아 보이는 것, 예를 들어 친구의 신

* 복음 연합, 리디머 장로교회, 『뉴시티 교리문답 해설』, 88.

** Ware, *Big Truths for Young Hearts*, 226.

발이 하나도 예쁘지 않은데 예쁘다고 말했던 착한 거짓말 같은 것만을 떠올리지. 정말 나빴던 생각이나 말, 행동은 잘 떠올리지 않아. 하지만 예수님은 마지막 부활의 때 우리의 모든 행동을 드러내시고 공의롭게 심판하실 거야.

☑ 오늘의 문답을 복습해요

아래 빈칸을 채워 오늘의 문답을 완성해봅니다.

질문 - 마지막 부활 때 무슨 일이 일어나지?
대답 - 그리스도께서 모든 사람의 행위를 ________하세요.

☑ 엄마 아빠와 함께 기도해요

하나님, 마지막 부활의 때 예수님이 이 땅에 다시 오셔서 우리의 모든 행동을 공의로 심판하신다니 설레기도 하고 두렵기도 합니다. 그날 우리 모두의 죄를 향한 예수님의 분노는 뜨거울 것이고 예수님의 판결은 공의로울 것입니다. 하나님, 우리에게 주신 이 땅에서의 시간을 사는 동안, 부활의 그때를 늘 기억하고 준비할 수 있도록 도와주세요. 하나님의 심판이 없는 사람처럼 살지 않도록 도와주세요. 예수님의 이름으로 기도합니다, 아멘.

☑ 영어로 읽어보는 교리문답

Question – What happens / at the resurrection?

Answer – Christ judges all men's works.[*]

제공된 QR 코드를 사용해 문답을 따라 읽어보세요.

* 원문에 기록된 'deeds'는 보다 많이 쓰이는 'works'로 대체했습니다.

교리문답 48

질문 그리스도가 의롭다고 여기시는 자는?

대답 그리스도와 함께 영원히 살아요.

☑ 오늘의 문답을 암송해요

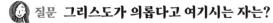

오늘의 교리문답을 세 번 정도 반복해 읽어봅니다. (어른 - 그리스도가 의롭다고 여기시는 자는? 아이 - 그리스도와 함께 영원히 살아요.) 엄마 아빠가 묻고 아이가 대답하는 과정을 통해 두 번째 교리문답 역시 암송해봅니다.

☑ 엄마 아빠가 읽어주는 교리문답 해설

가장 행복했던 날?

우리 교회 친구들에게 가장 행복했던 날이 언제였는지 물어보니까 "아빠가 생일도 아닌데 좋아하는 초코케이크를 사주셨을 때"라고 대답한 친구도 있고, "남동생이 태어났을 때"라고 대답한 친구도 있었어. "가족 여행을 갔을 때"라고 대답한 친구들이 제일 많았는데 더 구체적으로는 "차를 타고 여행을 가던 길"이나

"비행기를 기다리던 공항에서요"라고 대답한 친구들도 있었지. "작년 생일"이라고 대답한 친구는 아마도 작년 생일에 친한 친구들과 기억에 남을 만큼 멋진 파티를 했던 것 같아. ________가 가장 행복했던 날은 언제야? (대답을 들어봅니다.) 엄마 아빠는 ________가 태어났던 날이 가장 행복했어. 오랫동안 기다려온 너를 처음으로 만나 품에 꼭 안고 "________야, 반가워"라고 인사했던 그날이 엄마 아빠는 가장 행복했단다.

천국은 영원히 행복한 곳이에요

천국은 가장 행복한 날들이 매일매일 이어지는 곳이야. 물론 초코케이크를 매일 먹을 수 있다거나, 동생이 매일 태어난다거나, 여행을 매일 떠날 수 있다는 뜻은 아니야. 매일 생일 파티를 열고, 매일 새로운 아기를 낳는다는 뜻도 아니지. 천국에서 우리는 이 세상에서 우리를 행복하게 했던 모든 이유를 다 합쳐놓은 것보다도 더 큰 행복을 누리게 될 텐데 그것은 바로 우리가 하나님을 완벽히 사랑할 수 있게 되기 때문이야. 영원부터 하나님은 성부, 성자, 성령 하나님으로 계셨고, 이 성부, 성자, 성령 하나님 사이에는 언제나 완벽한 사랑과 존중, 행복이 있어. 하나님이 우리를 하나님의 모습대로 지으신 것은 우리가 이 같은 삼위일체 하나님의 사랑과 행복을 함께 경험할 수 있도록 해주기 위해서였어. 하지만 이 세상 그 누구도 하나님을 그만큼 사랑하고 존중하지는 못했어. 우리는 모두 다른 것들을 더 좋아했고 우선했지.* 하지만 천국에서는 더 이상 그럴 수 없어. 천국에서 우리는 우리 자신보다, 그리고 다른 누구, 다른 무엇보다 하나님을 더 사랑하게 되고, 그 사랑이 우리를 매일 더 행복하게 할 거야. 그리고 이 행복은 절대로 끝나지 않고 날이 갈수록 시시해지거나 사라지지도 않지.**

천국은 믿음으로 가는 곳이에요

하나님을 사랑하기는커녕 하나님께 관심이 전혀 없는 사람이라면 천국은 그렇게 매력적인 곳이 아닐 수도 있어. "하나님을 영원히 사랑하고 예배하는 곳이라고? 생각만 해도 지루해"라고 생각할 거야. 그런데 하나님이 나를 만드셨고 예수님이 나를 위하여 십자가에서 죽으셨다고 믿는 사람에게 천국은 어떤 곳일까? 너무나도 가고 싶은 곳일 거야. 우리 ________가 엄마 아빠를 너무나도 사랑해서 언제나 엄마 아빠와 함께 있기를 바라는 것처럼 말이야. 그렇게 보면 예수님을 믿는 사람들만이 천국에 들어갈 수 있다는 성경의 말씀은 너무나도 자연스러워. 예수님을 믿지 않는 사람들은 천국에서의 삶이 전혀 즐겁지 않을 테

* 복음 연합, 리디머 장로교회, 『뉴시티 교리문답 해설』, 240-241.

** 같은 책, 240.

니까. ________야, 우리가 예수님을 믿을 때 예수님은 우리를 의롭다고 인정해주셔. 물론 우리가 정말로 의롭다는 뜻은 아니야. 우리는 허다한 잘못을 저지른 죄인들이지. 하지만 완벽히 의로우신 예수님을 믿을 때 예수님은 우리를 의롭다고 인정해주시고, 그 인정을 통해 우리는 천국으로 들어갈 수 있어. 천국은 예수님을 믿어야 가는 곳이야.

☑ 오늘의 문답을 복습해요

아래 빈칸을 채워 오늘의 문답을 완성해봅니다.

질문 - 그리스도가 의롭다고 여기시는 자는?
대답 - 그리스도와 함께 __________ ________.

☑ 엄마 아빠와 함께 기도해요

하나님, 지금까지 우리는 허다한 잘못을 저질렀지만, 그럼에도 예수님은 우리를 의롭다고 인정해주십니다. 예수님이 우리를 인정해주시는 것은 제가 누구누구보다 조금 더 똑똑하거나 잘 생겨서가 아닙니다. 같은 교회에 다니는 누구누구보다 착한 일을 더 많이 했기 때문도 아닙니다. 다만 예수님이 저를 위하여 십자가에서 죽으셨다는 사실을 믿었기 때문입니다. 믿음으로만 구원해주시는 하나님의 사랑과 은혜를 늘 기억하고 천국에서의 삶을 기대하고 소망하는 우리가 될 수 있도록 도와주세요. 예수님의 이름으로 기도합니다, 아멘.

☑ 영어로 읽어보는 교리문답

Question - What of those He finds* righteous?

Answer - They live* with Him forever.

제공된 QR 코드를 따라 함께 읽어보세요.

* 원문의 'deems'와 'dwell'은 'finds'와 'live'로 대체했습니다.

교리문답 49

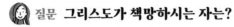

질문 **그리스도가 책망하시는 자는?**

대답 **영원히 멸망해요.**

☑ 오늘의 문답을 암송해요

오늘의 교리문답을 세 번 정도 반복해 읽어봅니다. (어른 - 그리스도가 책망하시는 자는? 아이 - 영원히 멸망해요.) 엄마 아빠가 묻고 아이가 대답하는 과정을 통해 오늘의 교리문답 역시 암송해봅니다.

☑ 엄마 아빠가 읽어주는 교리문답 해설

시험 날이 다가와요

시험을 좋아하는 사람이 있을까? (아이의 대답을 들어봅니다.) 엄마(아빠)도 우리 ________만큼 어렸을 때 학교 시험에 스트레스를 받아가며 나름대로 공부 계획을 세워서 시험을 준비할 때가 있었지. 중학교에 올라가면서부터는 학교에서 배우는 과목 수도 늘어나고 내용도 어려워져서 시험이 주는 스트레스도 그만큼 더 커졌어. 그래서인지 아무 잘못도 없는 할머니에게 짜증도 많이 부렸던 것 같아. 그래, 시험을 좋아하는 사람은 없을 거야. 시험에 전혀 신경을 쓰지 않는 것처럼 보이는 친구들도 시험 점수 때문에 부모님이 계속 잔소리를 하거나 눈치를 준다면 분명 큰 스트레스에 시달리게 될 거야. 시험은 참 어려워. 하지만 시험을 좋아하지 않더라도 시험을 기다리는 사람은 있을 수 있어. 바로 최선을 다해 시험 준비를 마친 사람이야. 이런 사람은 더 많은 시간이 주어진다고 해도 더 이상의 준비를 할 수 없을 만큼 최선을 다했기 때문에 얼른 시험 날짜가 다가오기를 바라지. 자기 실력을 보여주고 싶을 수도 있고 시험이 주는 긴장에서 빨리 벗어나고 싶을 수도 있어. 같은 시험, 다른 마음이라고나 할까?

믿음을 준비하지 못했어요

성경에는 '10명의 예비 신부들'에 대한 이야기가 나와. 이 10명의 예비 신부들은 모두 사랑하는 신랑을 기다리고 있었지. 그런데 아무리 기다려도 신랑이 오지 않는 거야. (아마도) 저녁까지 굶어가며 신랑을 기다리다 지친 예비 신부들은 너나 할 것 없이 모두 꾸벅꾸벅 졸기 시작했어. 얼마나 시간이 지났을까? 아무도 예상하지 못한 밤늦은 시간이 되어서야 신랑이 도착했다는 소식이 들려왔어. 이제는 나가서 신랑을 맞이해야 해. 밖은 칠흑같이 어두워졌고 등잔불이 필요했지. 성경이 기록된 시대에는 가로등도 핸드폰도 없었거든. 그런데 신랑이 오는 시간이 너무 늦추어진 탓에 들고 있던 등잔의 기름이 다 떨어진 거야. 다행히도 10명 중 5명의 예비 신부들은 혹시 모를 일을 대비해서 기름을 조금 더 준비해두었기 때문에 바로 기름을 채워 신랑을 맞으러 나갈 수 있었어. 그런데 다른 5명은 기름을 넉넉하게 준비하지 않았지. 결국 기름을 준비하지 못한 이 5명의 예비 신부들은 그날 밤 신랑을 만나지 못해.*

영원한 벌을 받게 돼요

예수님이 다시 오실 때 우리는 무엇을 준비해야 할까? (대답을 들어봅니다.) 우리는 무엇보다 '믿음'을 준비해야 해. 믿음을 준비한 사람에게 예수님이 다시 돌아오시는 날은 큰 기쁨의 날이 되겠지만, 믿음을 준비하지 못한 사람, 그러니까 예수님이 주시는 구원을 믿지 않고 계속해서 죄를 지은 사람에게 이날은 큰 슬픔의 날이 될 거야.** 왜냐하면 예수님을 믿지 않은 사람은 마지막 부활의 때 예수님의 책망을 받고 지옥에서 영원히 고통을 당하게 될 테니까.*** 여기서 잠깐, 예수님이 죄인을 지옥에 보내신다는 것을 불편하게 생각하는 사람들도 있어. (엄마 아빠도 그럴 때가 있었어.) 하지만 다른 사람의 잘못을 대신해 지옥에 가는 사람

* 마 25:1-13.

** Ware, *Big Truths for Young Hearts*, 227.

*** 웨스트민스터 대요리문답 89.

은 단 한 명도 없어. 하나님은 우리 모두를 각자의 행위대로 심판하시고 그건 우리 중 누구도 하나님께 억울하다고 호소할 수 없다는 말이야. 그런데 이 공의로운 하나님께서 오직 예수님을 믿는 믿음 한 가지만 보시고 죄인 중 일부를 구원해주시는 거야. ________야, 우리 하나님 참 좋은 분이지? 잊지 말고 꼭 기억해. 우리가 구원을 받는 것은 오직 하나님의 은혜와 예수님의 공로 때문이라는 것을 말이야.*

☑ 오늘의 문답을 복습해요

아래 빈칸을 채워 오늘의 문답을 완성해봅니다.

질문 - 그리스도가 책망하시는 자는?
대답 - ________ ________해요.

☑ 엄마 아빠와 함께 기도해요

하나님, 마지막 부활의 때 믿음을 준비하지 못한 사람들은 예수님의 책망을 받고 지옥에서 영원히 고통을 당하게 됩니다. 그리

* 이정규, 『새가족반』, 127-129.

고 우리 중 누구도 공의로우신 하나님의 심판에 대해 억울하다고 항의할 수 없습니다. 하지만 그 흉악한 죄인 가운데 일부를 선택하셔서 천국에서 살게 해주시는 하나님, 감사합니다. 마지막 부활의 때가 임할 때까지 우리가 믿음을 잘 준비하고, 예수님이 다시 오시는 그날 지체 말고 뛰어나가 예수님과 반갑게 인사할 수 있도록 도와주세요. 예수님의 이름으로 기도합니다, 아멘.

☑ 영어로 읽어보는 교리문답

Question - What of those He finds guilty?*

Answer - They perish forever.

제공된 QR 코드를 따라 함께 읽어보세요.

* 원문의 'condemns'는 'finds guilty'로 대체했습니다.

교리문답 50

질문 이러한 심판이 그리스도께 어떤 의미가 있지?

대답 그리스도의 영광을 찬양해요.

☑ 오늘의 문답을 암송해요

오늘의 교리문답을 세 번 정도 반복해 읽어봅니다. (어른 - 이러한 심판이 그리스도께 어떤 의미가 있지? 아이 - 그리스도의 영광을 찬양해요.) 엄마 아빠가 묻고 아이가 대답하는 과정을 통해 오늘의 교리문답 역시 암송해봅니다.

☑ 엄마 아빠가 읽어주는 교리문답 해설

손을 다쳤어요

우리 ________가 가장 크게 다쳤던(아팠던) 적은 언제였지? (아이의 대답을 들어보고, 그때의 기억을 함께 나누어봅니다.) 그래, 그때, ________가 참 많이 아프고 힘들었는데, 이렇게 잘 회복이 되었구나. 너무너무 기쁘고 감사하다. 생각해보니 엄마(아빠)는 그렇게 크게 다쳤던 적이 없는 것 같아. ________를 낳느라 병원에 며칠 입원했던 일을 빼면 아파서 입원하거나 수술한 경험이 전혀 없어. 하지만 너처럼 어린아이였을 때 커터칼로 오른손 엄지와 검지 사이를 아주 깊이 베인 적이 있어. 그때 응급실을 찾아가 여러 바늘을 꿰매야 했지. 다른 큰 사고에 비하면 미미한 상처였지만 이 상처 때문에 일상이 매우 불편해졌어. 일단 혼자서 씻을 수가 없었고 집안일도 도와드릴 수가 없었어. 학교에 가서도 필기를 할 수 없었고 가방도 잘 싸지 못해 친구들의 도움을 받아야 했어. 주변 모든 사람에게 얼마나 미안했는지 몰라.

모든 것이 회복될 거예요

이 세상을 사는 우리는 모두 아프기도 하고 다치기도 해. 엄마(아빠)의 경우처럼 간단한 상처를 입을 수도 있겠지만, 심각한 질병이나 불의의 사고는 한 사람, 아니 온 가족의 인생을 완전히 뒤바꿔놓을 수도 있어. 이 세상에서 우리와 함께 살아가는 수많은 동물과 우리 삶의 터전이 되는 자연도 마찬가지야. 우리가 아무 생각 없이 버린 쓰레기는 자연으로 흘러 들어가 수많은 동물의 목숨을 빼앗기도 하고, 바다로 흘러간 플라스틱 쓰레기의 양이 너무나도 많아 바다 곳곳에 플라스틱 섬이 생길 정도라고 들었어. 그런데 회복이 불가능해 보이는 이 모든 것이 마지막 부활의 때에는 완전히 회복될 것이라고 성경은 이야기해. 우리가 완전히 새로워진 세상에서 살게 된다는 거야.* 우리는 더 이상 아프지도 다치지도 않고, 오염의 흔적조차 찾아볼 수 없는 아름다운 자연에서 온갖 동물들과 함께 뒹굴며 어울리게 된다는 거지. 침대 위에서 사랑하는 동생을 꼭 끌어안았던 것처럼 사자를 끌어안을 수도 있고, 친한 친구와 신나게 달리기 시합을 벌였던 것처럼 치타와 달리기 시합을 벌일 수도 있어. 균형 잡기의 달인 플라밍고와 누가 더 한 발로 오래 서 있는지 내기를 하게 될지도 모르지.** 생각만 해도 너무 좋다!

예수님은 정말로 멋진 분이세요

그날을 한번 상상해보자. 부활의 몸을 입고, 완전히 새로워진 자연에서, 완전히 새로워진 마음으로 사는 우리는 과연 어떤 모습일까? 어떤 생각을 하고 어떤 행동을 할까? 가장 먼저 이 모든 것을 가능하게 하신 예수님께 이렇게 소리치지 않을까? "예수님은 정말로 멋진 분이세요!" 우리, 같이 한번 말해볼까? (함께 읽어요.) "예수님은 정말로 멋진 분이세요!" 와, 생각만 해도 가슴이 뛴다. 이렇게 마지막 때 예수님이 구원하신 모든 사람은 새로운 하늘과 새로운 땅에서 예수님이 얼마나 멋진 분인지를 생각

* 계 21:1.

** 사 11:6-9.

하고 깨닫고 서로 이야기하고 노래하면서 영원히 살게 될 거야. 우리가 앞서 암송했던 것처럼 하나님은 그분의 영광을 위해 모든 것을 만드셨어.* 하지만 우리는 하나님의 당부를 어기고 허다한 죄를 지었고 이 같은 하나님의 계획을 망가뜨렸지. 하지만 하나님은 아들 예수님을 통해 우리를 죄에서 구원하셨고 곧 모든 것을 회복시켜주실 거야! 우리 그리스도인들은 하루하루 손꼽아 그날을 기다리는 사람들이야. 사랑하는 ________야, 엄마 아빠와 함께 그날을 기다려줘서 고마워!

☑ 오늘의 문답을 복습해요

아래 빈칸을 채워 오늘의 문답을 완성해봅니다.

질문 - 이러한 심판이 그리스도께 어떤 의미가 있지?
대답 - 그리스도의 ________을 ________해요.

☑ 엄마 아빠와 함께 기도해요

하나님, 하나님은 우리 모두를 하나님의 영광을 위하여 지으셨

* 3문.

는데, 우리는 하나님의 당부를 무시하고 하나님의 법을 어겨 하나님의 영광과 아무런 상관이 없는 사람들이 되고 말았습니다. 하지만 하나님의 아들, 예수님을 이 땅에 보내주셔서 우리를 구원해주시고 마지막 부활의 때 망가진 모든 것을 회복해주신다는 하나님의 약속을 믿고 감사합니다! 하나님, 그날이 어서 올 수 있도록 해주세요. 사랑하는 예수님의 이름으로 기도합니다, 아멘.

☑ 영어로 읽어보는 교리문답

Question – How does this judgment affect Christ?
Answer – It magnifies His glory.

제공된 QR 코드를 따라 함께 읽어보세요.

☑ 이번 장을 마무리해요

이번 장의 문답을 통해 우리는 역사의 마지막 때 일어날 일을 배웠습니다. 교회는 아직 완벽하지 않지만 마지막 부활의 때가 되면 완벽해질 것입니다. 아직은 완벽하지 않지만 그리스도의 보혈을 믿고 의지하는 자를 완벽하다 여겨주시는 것을 우리는 '칭의' 라고 부릅니다. 느리고 더디지만 성령의 도우심과 능력을 힘입어 이 땅에서 보다 완벽한 모습으로 변화되어가는 과정은 '성화'라고 하지요. 그리고 마지막 때 그리스도가 의롭다고 여시기는 자들은 그리스도의 영광 가운데로 들어가게 될 텐데, 우리는 그것을 '영화'라고 부를 수 있습니다. 이 모든 과정에서 우리가 하는 역할은 사실 너무나도 미미합니다. 믿고 의지한 것이 어떻게 큰 일일 수 있으며, (많은 경우 울며 억지로) 순종한 것이 어떻게 귀하다고 할 수 있겠습니까. 미미하지 않고 무무(無無)하다고 해야 할까요? 정말로 우리의 공로는 전혀 없습니다. 그런 우리가 그리스도의 영광 가운데 들어가다니, 정말로 모든 것이 하나님의 은혜입니다.

하지만 우리는 그 같은 은혜를 너무나도 자주 잊고 세상 속에서 길을 잃습니다. 낙심한 그리스도인들에게, 그리고 세상의 조롱을 온몸으로 받고 있는 오늘날 교회에게 하나님이 주시는 위로는 종말과 신자의 최후에 대한 확신입니다. 마지막 부활의 때 그리스도는 우리 모두를 각자의 행위대로 심판하실 것입니다. 그 심판은 너무나도 공의로워 누구도 그분께 불합리하고 불공정하다 시위할 수 없습니다. 의롭지는 않지만 의롭다고 여기시는 자는 그리스도와 함께 영원히 살게 되고 그리스도의 사랑의 권면을 한평생 거절하고 죄를 선택해온 자들은 영원히 멸망하게 될 것입니다. 이 같은 심판은 성경에 기록된 모든 예언을 완성하고 모든 창조의 목적, 곧 하나님의 영광을 선포하고 찬양할 것입니다. 아래 빈칸을 채워가며 이번 장의 내용을 복습해봅니다.

질문 - 교회는 완벽하니?

대답 - ________해지는 _______이에요.

질문 - 언제 완벽해지지?

대답 - _______ _______ 때요.

질문 - 마지막 부활 때 무슨 일이 일어나지?

대답 - 그리스도께서 모든 사람의 행위를 _______하세요.

질문 - 그리스도가 의롭다고 여기시는 자는?

대답 - 그리스도와 함께 ________ ________.

질문 - 그리스도가 책망하시는 자는?

대답 - __________ _______해요.

질문 - 이러한 심판이 그리스도께 어떤 의미가 있지?

대답 - 그리스도의 __________을 __________해요.

정답: 완벽, 중, 마지막, 부활, 심판, 영원히, 살아요, 영원히, 멸망, 영광, 찬양

결론

이 책의 마지막 장까지 이르신 여러분 모두에게 박수를 보내고 싶습니다. 정말로 애 많이 쓰셨습니다! 이제까지 읽고 암송한 교리문답이 여러분과 여러분 자녀의 삶을 보다 더 풍성하고 아름답게 하며 우리 모두의 모습을 그리스도의 것으로 빚어가기를 기도하고 축복합니다. 부디 이 책이 여러분에게 가정에서의 교리교육에 대한 동기부여가 되었고, 용기를 주었으며, 아이와 대화하는 과정에서 실질적 도움이 되었기를 또한 간절히 바랍니다.

본문 속 교리문답을 설명하는 과정에서 아이들의 말로 풀어쓴 십계명을 소개해드린 바 있지요. 실제로 제가 섬겼던 교회에서 어린아이들이 암송한 십계명인데, 당시 암송 캠페인을 진행하면서 엄마인 저 자신에게도 십계명을 적용하며 '부모의 가드레일'을 노트한 바 있습니다. 나의 방식보다 주님의 방식으로 맡겨주신 자녀를 키우기 원한다는 다짐이자 기도였다고 할까요? 그 노트를 여러분과 나누면서 이 책을 마무리하고 싶습니다. 아이를 가르칠 때마다 느끼는 것은 아이를 앞에 두고 제가 하는 모든 훈계와 가르침이 결국에는 저 자신의 마음과 삶을 동시에 가리킨다는 것입니다. 우리가 어디에 있든 우리는 하나님의 자녀이며 동시에 우리 아이의 부모입니다. 이 둘은 영원히 불변하는 우리의 정체성이고, 아래 소개하는 '부모의 가드레일'을 통해 이 같은 사실이 우리의 일상에서 보다 더 분명히 드러나기를 바라봅니다.

부모의 가드레일

1. 하나님이 최우선입니다.
2. 아이를 우상 삼지 않습니다.
3. 하나님의 말씀을 생활 속에서 가르칩니다.
4. 주일 성수의 모범을 지킵니다.
5. 양가 부모님을 잘 섬깁니다.
6. 아이의 몸과 마음을 아프게 하지 않습니다.
7. 배우자를 사랑하고 아껴줍니다.
8. 아이의 소유와 물건을 존중합니다.
9. 아이와의 약속을 잘 지킵니다.
10. 내 아이에게 만족하고 다른 아이와 비교하지 않습니다.

참고문헌

게리 채프먼, 알린 펠리케인, 『스마트폰에 빠진 아이들, 어떻게 가르칠 것인가?』, 윤은숙 옮김(생명의말씀사, 2015)

권장희, 『스마트폰으로부터 아이를 구하라』(마더북스, 2018)

김주련, 『어린이를 위한 신앙낱말사전』(성서유니온, 2020)

루시 조 팰러디노, 『스마트폰을 이기는 아이』, 이재석 옮김(마음친구, 2018)

마음꽃을 피우는 사람들, 『마음이 100cm 커지는 어린이 생각 연구소』(주니어김영사, 2021)

박성우, 『아홉 살 마음사전』(창비, 2017)

복음 연합, 리디머 장로교회, 『뉴시티 교리문답 해설』, 죠이선교회 출판부 옮김(죠이북스, 2018)

얄다 T. 울스, 『아이와 싸우지 않는 디지털 습관 적기 교육』, 김고명 옮김(KOREA.COM, 2016)

오은영, 『못 참는 아이 욱하는 부모』(KOREA.COM, 2016)

오은영, 『어떻게 말해줘야 할까』(김영사, 2020)

이성호, 『직분을 알면 교회가 보인다』(좋은씨앗, 2018)

이정규, 『새가족반』(복있는사람, 2018)

임경근, 『교리와 함께 하는 365 가정예배』(세움북스, 2014)

최재붕, 『포노 사피엔스』(샘앤파커스, 2019)

토마스 롱, 『고통과 씨름하다』, 장혜영 옮김(새물결플러스, 2014)

필립 캐리, 『하나님에 대한 루머』, 장혜영 옮김(새물결플러스, 2010)

황희상, 『특강 소요리문답 상』(흑곰북스, 2011)

J. 워너 월리스, 『베테랑 형사 복음서 난제를 수사하다』, 장혜영 옮김(새물결플러스, 2017)

Bruce A. Ware, *Big Truths for Young Hearts* (Wheaton, Il: Crossway, 2009)

Haeyoung Joo, "A Study of the Effects of Catechetical Teaching Methods on Knowledge, Understanding, and Attitude Toward Learning in Older Elementary Korean Children," PhD diss., (Southwestern Baptist Theological Seminary, 2021)

Kevin DeYoung, *The Good News We Almost Forgot: Rediscovering the Gospel in a 16th Century Catechism* (Chicago, Il: Moddy Publishers, 2010)

Jeffrey Schwartz, *The Mind and the Brain: Neuroplasticity and the Power of Mental Force* (New York: Harper Perennial, 2003)

Sally Lloyd-Jones, *The Jesus Storybook Bible* (Grand Rapids, Mi: ZonderKidz, 2007)

Tim Keller, *The New City Catechism Devotional* (Wheaton, Il: Crossway, 2017)

The Gospel Coalition, *The New City Catechism Curriculum, Vol 1-3* (Wheaton, Il: Crossway 2018)

William R. Yount, *Created to Learn* (Nashville, TN: B&H Publishing Company, 2010)

엄마 아빠가 읽어주는 꼬꼬마 교리문답

1쇄 발행 2022년 10월 14일

지은이 장혜영
펴낸이 김요한
펴낸곳 새물결플러스

편 집 왕희광 정인철 노재현 정혜인 이형일 나유영 노동래
디자인 박인미 황진주
마케팅 박성민 이원혁
총 무 김명화 이성순
영 상 최정호 곽상원
아카데미 차상희

홈페이지 www.holywaveplus.com
이메일 hwpbooks@hwpbooks.com
출판등록 2008년 8월 21일 제2008-24호
주 소 (우) 04118 서울시 마포구 마포대로19길 33
전 화 02) 2652-3161
팩 스 02) 2652-3191

ISBN 979-11-6129-238-0 03230

책값은 뒤표지에 있습니다.